세일즈 천재가 된
홍대리

평범한 사원의 운명을 바꾼 억대 연봉 도전기

# 세일즈 천재가 된 홍대리

신윤순 지음

# 지금까지 경험할 수 없었던
# 새로운 기회가 열린다

흔히 세일즈라 하면 다리품을 파는 고단한 활동으로 여기는 사람이 많다. 그래서인지 세일즈가 주는 장점이나 영향력을 간과하는 면이 적지 않다. 세일즈가 왜 필요하고 왜 좋은가?

세일즈 경쟁력을 가지면 최소한 '먹고사는 일'에는 걱정이 없다. 현장형이라 웬만해선 포기를 모르는 전투력이 있고 많은 사람과 여러 사건들을 경험하여 대범한 자신감을 갖고 있기 때문이다. 이뿐이 아니다. 호감을 주는 이미지, 사람과의 관계를 자연스럽게 이끌어가는 대화의 기술, 사소한 아이디어도 잘 표현하여 가치 있게 만드는 법, 상대방이 원하는 것을 빠르게 파악하여 정확하게 피드백해주는 능력 등 사회생활에 꼭 필요한 이 모두가 세일즈의 기본 스킬이기 때문이다.

갑자기 세일즈를 하면 좋은 이유를 설명하는 데는 이유가 있다. 아직 사회생활을 하기 전, 즉 취업을 준비할 때까지는 흔히 말하는 스펙이나 학점에 목숨을 걸지만 일단 어떤 기업에 입사하고 나면 학점을 묻고 기억하는 사람은 없다. 오히려 소위 명문대, 좋은 학점, 높은 어학 점수, 해외 경험 등 화려한 스펙이 선입견을 주기도 한다.

'저 사람 좋은 대학 나왔다더니 별 특별할 것도 없군.'

'스펙은 엄청나던데, 일하는 건 정말 허술한데?'

일단 회사에 들어오면 입사 전에 어떤 이력을 갖고 있었든 그 조직 안에서 성과를 보이고 인정받아야 한다. 입사 후에 해야 하는 많은 일들은 대부분 개인의 스펙과는 별 연관이 없다.

K대 체육과를 나온 후배가 있다. 체육 특기가 있는 것도 아니었고 그렇다고 스포츠를 남들보다 더 많이 즐기는 것도 아니었으며 체격이 운동선수들처럼 훌륭한 것도 아니었다. 게다가 말하는 것도 귀 기울여 듣지 않으면 잘 안 들릴 만큼 입안에서 웅얼거린다. 직장에서는 '부모 잘 만나 K대 졸업장 딴 운 좋은 놈'이라 수군댔고, 부서마다 기피 대상이라 늘 세일즈 현장만 돌았다. 그러나 그는 세일즈 현장에서 살아남기 위해 부단히 노력했고, 자신이 말을 하는 대신 상대의 말에 귀를 기울였다. 그런데 이런 모습이 고객들에게는 K대 나온 사람의 겸손함으로 보여 친화력

을 발휘하게 되었고, 잘나가던 선후배를 물리치고 영업 전무가
되었다.

반대의 경우도 있다.

2년제 지방대를 나온 30대 여성은 계약직으로 전전하다 더 이
상 갈 곳이 없는 듯해 마지막으로 용기를 내어 세일즈에 뛰어들
었다. 그런데 뒤늦게 시작한 일에서 능력을 발휘하여 3년 뒤 세
일즈맨을 육성하는 에듀코치로 스카우트되었고, 회사의 지원으
로 교육공학과에 편입학하여 40대 초반에 대기업 영업교육팀장
으로 다시 스카우트되어 승승장구하고 있다.

나 역시 20대에 세일즈로 사회생활을 시작했고 5년 뒤 금융권
영업관리자로 특채되어 승승장구하는 30대를 보냈다. 40대엔 영
업현장의 수장이 되었고 다시 영업교육 수장이 되어 현장에서
활용하던 고객 파일, 세일즈 플래너, 조직관리 플래너를 정리하
여 세일즈 스킬을 담은 책을 출판했다. 출판은 다시 교육 컨설턴
트로 창업하는 터닝 포인트가 되었고, 50대에 베스트셀러 작가
에 명강사로 정상에서 승승장구하고 있다.

나는 지금 사회생활을 하는 후배들에게 20~30대에 반드시 1

년이라도 영업현장을 경험하라고 조언하고 싶다. '나는 그런 일은 잘 못해요' 또는 '내 일은 그런 쪽이 아니에요'라고 말하는 사람도 있을 것이다. 물론 평생 세일즈를 하라는 것이 아니다. 하지만 적어도 자신이 어떤 기업에 소속되어 있다면, 그 기업이 고객과 가장 직접적으로 맞닿아 있는 현장을 경험해봐야 한다. 그래야 자기 일에 대한 이해가 높아지고 뛰어난 성과를 낼 수 있게 된다.

그리고 무엇보다 자신을 위해 세일즈를 배우라고 권하고 싶다. 지금 잠깐 회사생활을 하고 그칠 것이 아니라면, 자신의 능력을 키우고 인정받으면서 오래 직장생활을 하고 싶고 또 나중에 자기 사업을 하겠다는 꿈을 가지고 있다면 반드시 세일즈를 경험해봐야 한다.

자신이 어떤 부서, 어떤 직책에 있든 모든 일은 다른 부서의 사람과 커뮤니케이션하고 협력하여 성과를 내도록 되어 있다. 결국 누가 그 역할을 가장 잘 하느냐에 따라 성과에도 차이가 생기며, 그래서 중요한 직책일수록 커뮤니케이션 능력이 뛰어난 사람을 앉히게 된다. 그런데 세일즈는 그런 커뮤니케이션 기술을 가장 집약적으로 배울 수 있는 영역이다. 혼자 잘한다고 절대 성과를 낼 수 없으며 반드시 다른 사람을 통해서만 실적을 올릴 수 있는 일이기 때문이다.

수많은 직장인들이 승진하고 더 높은 연봉을 받고 좀 더 오래 안정적으로 회사 생활을 하기 위해 새벽잠 설쳐가며 어학 공부를 하고 스피치 학원을 다니며 대학원까지 등록한다. 그것도 자기 비용을 들여서 말이다. 이렇게 해서 자신의 역량을 개발하고, 경쟁력을 키울 수도 있겠지만, 그보다 더 좋은 공부는 세일즈 현장을 경험하는 것이라고 감히 확신할 수 있다. 세일즈 현장에서는 급여를 받는 근무시간에 실질적인 대화법과 사람관계를 배우면서, 직접 자기 성과를 만들어낼 수 있다. 또한 무슨 일을 하든 그 일에 세일즈 마인드를 담으면 이전보다 더 높은 성과를 낼 수 있다. 세일즈의 핵심은 상대를 감동시키는 것이기 때문이다.

이 책은 기획팀에 있다가 어느 날 세일즈마케팅부로 발령을 받은 홍 대리가 좌충우돌하며 세일즈를 배워나가는 과정을 담았다. 홍 대리도 처음엔 '세일즈는 나와 맞지 않는다'며 도망갈 궁리부터 하지만 세일즈의 여왕 신미라 원장을 만나 놀라운 변화를 겪게 된다.

홍 대리처럼 세일즈 천재의 경쟁력을 갖게 되면 임원 후보 1순위를 굳히게 되고 각 기업체의 '스카우트 대상 1호'라는 경쟁력을 갖게 된다. 뿐만 아니라 개인 세일즈맨들은 억대 연봉을 벌게 되고 경쟁업체에 스카우되거나 또는 경영자, 산업강사, 베스트셀러 작가로 거듭나 70대까지 승승장구할 수 있는 경쟁력을 지니게 된다. 지금 서 있는 자리에서 좀 더 도약하고 싶고, 새로운 도

전 기회를 갖고 싶다면 『세일즈 천재가 된 홍 대리』를 파트너 삼아 현장 영업에 도전해보라. 지금까지 경험할 수 없었던 새로운 기회를 보게 될 것이다.

끝으로 『세일즈 천재가 된 홍 대리』라는 신선한 기획 아이디어와 출판 기회를 주신 다산북스의 김선식 대표님께 감사드린다. 톡톡 튀는 아이디어로 새로운 글을 쓸 수 있게 도와준 이정 대리님, 늘 독자의 입장에서 냉철한 피드백으로 출간 과정을 함께한 신현숙 과장님, 그리고 세일즈 천재로 발전해가는 홍 대리의 캐릭터를 현실감 있게 잘 살려준 인현진 작가님을 만난 건 행운이었다. 모두에게 깊이 감사드린다.

2012년 6월

지은이 신윤순

\* 이메일: sys@salesschol.co.kr
\* 홈페이지: www.salesschol.co.kr
\* 블로그: blog.naver.com/salesschool

# 등장 인물 소개

## 홍진범 (32세)

아웃도어 브랜드 '아우로' 영업팀 대리. 세일즈에 대해 편견을 갖고 있다가 신미라 원장의 강연을 듣고 새롭게 눈을 뜨게 된다. 단순하고 열정적인 성격이어서 평소 친구인 은서에게 '단무지(단순 무식 지랄)'로 불린다. 좌충우돌하면서도 한 번 뜻을 품으면 끈기와 성실을 무기로 돌파하는 힘이 있다. 다정하고 정이 많아 길에 버려진 고양이나 강아지를 보면 지나치지 못하고 집으로 데려온다.

## 신미라 (49세)

홍 대리의 멘토이자 세일즈스쿨의 원장. 남편의 사업 실패로 전재산을 날리고, 월세방에서 벗어나겠다는 일념 하나로 세일즈 세계로 뛰어든 지 5년 만에 업계의 전설이 되었다. 최악의 영업소마다 최고의 영업소로 바꿔놓는다고 해서 '황금 신'이라는 별명을 지니고 있다. 자기 분야에서는 최고의 프로지만 세심한 감수성과 따뜻한 마음으로 홍 대리가 위기에 처할 때마다 큰 힘을 준다.

## 송 일 (44세)

세일즈마케팅부 팀장. 입사 초기부터 세일즈 현장에서 잔뼈가 굵은 정통 세일즈맨. 처음엔 세일즈의 기초도 모르는 홍 대리가 탐탁지 않아 혹독하게 다루지만 곧 홍 대리의 노력과 성실함을 알아채고 조금씩 자신의 노하우를 알려준다. 성격이 불 같지만 뒤끝이 없어 따르는 팀원들도 많다.

## 한경아(53세)

유니버스백화점의 구매총괄담당이자 기획실 실장. 업계에 새로운 바람을 몰아왔던 '진심 마케팅'을 시도해 유니버스백화점을 초일류 기업으로 성장시킨 장본인이다. 냉철하고 칼 같은 성격으로 '얼음 여왕'으로 불린다.

## 김경태(42세)

아우로 서부지점 지점장. 평소엔 꼼꼼하고 친절하며 예의바른 성격이지만 어느 순간 핀트가 나가면 '지킬 박사와 하이드'처럼 딴 사람이 되어 '욱' 하는 성격이 나온다. 처음엔 홍 대리가 어려워했으나 '석유통 사건' 이후 홍 대리의 든든한 지원군이 된다. 등산복 라인에 무한 애착을 갖고 있다.

## 민은서(32세)

홍 대리와 초등학교 때부터 친구이자 초중고 동창이다. 홍 대리와는 동성친구처럼 친하게 지낸다. 산업디자인을 전공했지만 일찌감치 '장사'에 눈을 떠 동대문에서 신발가게를 하고 있다. 사귀던 애인과 백 일을 넘기지 못하고 번번이 차여 홍 대리에게 놀림을 당한다. 자신이 파는 신발이 마음에 안 들면 몽땅 불 싸지르는 또라이 기질도 있지만 한 번 매장을 찾은 손님은 반드시 다시 찾을 정도로 수완이 좋다.

## Contents

# 홍 대리, 세일즈마케팅부로 발령받다
## 세일즈의 절반은 자신감이다

# 목표를 가지고 현장에 나가라
## 생각 없이 나가면 아무리 뛰어도 제자리걸음

# '얼음여왕'의 마음을 얻어라!
## 세일즈는 결국 누군가를 감동시키는 일

# 홍 대리, 걸어다니는 1인 브랜드가 되다

## 명품 세일즈의 모든 것

# 누구나 자신을 세일즈하며 살아간다

'화이트아웃.'

홍 대리는 자기도 모르게 한마디를 중얼거렸다. 뜬금없이 머릿속에 툭 떠오른 말이었다. 외부 강사 초청강의 시간에 갑자기 왜 시야를 가리며 거세게 휘몰아치는 백색의 눈보라가 떠올랐는지 모를 일이다. 그것도 가는 곳마다 미다스의 손을 지닌 듯 최고의 실적을 올려 '황금 신'이라는 별명을 지닌 세일즈스쿨 신미라 원장의 이야기를 듣는 도중에 말이다.

솔직히 고백하자면 원장이 하는 이야기는 하나도 귀에 들어오지 않았다. 세일즈의 신인지 양말인지, 경청은커녕 화를 넘어서는 분노가 머리끝까지 가득 차서 지금이라도 당장 자리를 박차고 일어나고 싶은 마음만 가득했다.

그도 그럴 것이 자청해서 온 자리가 아니었다. 억지로라도 앉아 있어야 하는 이유는 알고 있지만 아무리 납득하려고 해도 갑작스런 부서 이동은 부당하게 여겨졌다.

기획부 팀장이 홍 대리에게 부서 이동을 알린 것은 며칠 전의 일이었다.

"홍 대리, 다음 달부터 세일즈마케팅부로 이동이야."

"네? 세일즈마케팅부요?"

"뭘 그리 놀래?"

"갑자기 부서 이동이라니……."

"우리 회사 방침 홍 대리도 잘 알고 있잖아. 이제 때가 된 거지."

알고는 있었다. 입사 3년 이내의 사원들은 어떤 부서에 있든지 반드시 세일즈마케팅 부서에서 1년 이상 현장 경험을 쌓아야 한다는 것을. 그러나 말이 좋아 세일즈마케팅이지 사실은 영업을, 그것도 제대로 실적을 올려가면서 해야 한다는 의미였다.

'현장 제일주의'라는 창업주의 확고한 신념에 대해선 입사 초기부터 지금까지 누누이, 귀에 딱지가 앉았다 떨어지기를 백 번은 반복할 정도로 많이 들어왔다. 하지만 '세일즈'와 자신은 손톱의 때만큼도 상관없는 일로 생각했다.

그러나 막상 자신이 직접 세일즈 현장에서 뛰어야 한다는 현실에 부딪히게 되자 지금까지 업무에서 겪었던 문제와는 질적으로 강도가 다른 스트레스로 다가왔던 것이다.

현장에서 열심히 일하는 사원들의 열성을 모르는 건 아니었지만 속내로는 자사 제품의 시장 점유율이 조금씩 높아지는 건 누구보다 아웃도어 시장의 미래를 선도하고 유행을 미리 파악하는 탁월한 기획력 덕분이라고 은근히 자부심을 느끼고 있었던 터였다. 게다가 지금까지 자신은 기획부에서 맡은 일을 훌륭히 잘 해내고 있지 않았던가. 홍 대리가 기획한 상품전은 안팎에서 제법 좋은 호평을 받았다.

'그런데 하루아침에 현장근무라니.'

적지 않은 사원들이 입사 2~3년차에 갈등을 느끼다가 그만두는 사례가 많았다는 게 이제야 심정적으로 이해가 되었다. 하지만 홍 대리는 회사를 그만두고 싶지는 않았다. 아웃도어 관련 일은 오래전부터 관심을 가져왔고 입사 후 정말로 즐기면서 일을 하고 있었다. 회사 분위기도 가족 같아서 팀원들과도 정이 많이 들었다.

그러나 지금은 정말로 "비뚤어질 테다!"라고 작정한 열다섯 사내애처럼 폭발하기 일보 직전이었다. 어째서 이 회사는 자신이 잘하는 분야에서, 자신의 강점을 살리면서, 자신의 가치를 높이면서, 자신을 자신답게 하는 일을 하면서, 더욱 능력을 발휘하게 놔두지 않는단 말인가!

회사를 그만두지 않는 한 세일즈를 할 수밖에 없다는 현실을 머리로는 이해했지만 가슴으로까지 받아들여지진 않았다. 홍 대리는 처음으로 자신이 선택할 수 없는 상황에 대해 심한 좌절을 느끼고 있는 중이었다. 정확히 말하면 '세일즈에 대한 두려움'이 더 컸다. 그것은 한 치 앞도 보이지 않는 거센 눈보라처럼 홍 대리를 덮치고 있었다.

"내가 도대체 세일즈를 어떻게 할 수 있단 말이야."

지금껏 살아오면서 자신이 직접 누군가에게 뭔가를 팔아야 한다는 생각조차 해본 적이 없는 홍 대리였다. 제품이 좋으면 고객은 알아서 사게 되어 있다고 생각했다. 그런데 그것을 일일이 들고 다니면서 팔아야 한다니 굴욕스러운 기분마저 들었다. 땅이 꺼져라 한숨이 나왔다. 천장이 무너져라 탄식이 터졌다.

이런 상황이니 눈앞이 캄캄해진다는 말로는 부족했다. 눈앞이 캄캄해지다 못해 하얗게 시야가 사라지려 하고 있었다.


"지금 세일즈를 하고 있는 분, 계십니까?"

신미라 세일즈스쿨 원장은 좌중을 돌아보며 물었다. 여기저기 몇 명이 손을 들었다. 홍 대리는 질문에 반응은커녕 꼼짝도 않은 채 팔짱을 끼고 있었다. 자신은 아직까지 세일즈를 하고 있지 않으니 당연히 손을 들 필요도 없다고 생각했다. 어차피 손을 든 사람들도 세일즈마케팅부 직원들일 터였다.

"나머지 분들은 왜 손을 들지 않습니까? 우리는 누구나 자신을 세일즈하면서 살아가고 있는데요."

부드럽지만 확신에 가득 찬 목소리였다.

'누구나 자신을 세일즈하면서 살아가고 있다고?'

순간 신 원장과 눈이 마주쳤다. 강의가 시작된 지 30분 만에 처음으로 제대로 보는 얼굴이었다. 자신을 세일즈하다니, 한 번도 생각하지 않은 일이었다.

"세일즈라는 말만 들어도 얼굴이 찌푸려지나요? 세일즈는 세일즈맨만 하는 것이라고 생각하나요? 어떤 분야에 있건 세일즈 마인드를 갖고 있지 않다면 자신의 업무에 대해 절반만 이해하고 있는 것이나 마찬가지입니다. 아무리 좋은 제품을 만들어도 팔지 못한다면 무슨 의미가 있죠? 자기가 맡은 일만 열심히 하면 된다고요? 그런 사람이야말로 월급도둑에 불과하죠. 아우로 제품이 팔리지 않는다면 여러분이 이 자리에 앉아 있을 수가 있을까요?"

강연장 분위기가 갑자기 조용해졌다. 웅성거리던 소리도 뚝 사라졌다. 홍 대리는 문득 며칠 전 만났던 고등학교 친구가 생각났다. 대학을 졸업한 후 대기업에 취업해 몇 년 잘나가다가 특별한 창업 아이디어가 생겼다며 독립했던 친구였다. 현장 경험도 있고 아이디어도 좋아서 여기저기 자본 투자도 받았다. 그러나 사업이 자리를 잡기는커녕 1년이 채 되지 않아 힘들다는 소문이 돌았다. 힘들면 얼마나 힘들까, 그냥 사업하는 사람이 으레 하는 소리려니 하고 대수롭지 않게 생각했다. 하지만 막상 만나보니 집 한 채를 통째로 날리고 지금은 월세를 전전하고 있는 처지였다. 신제품을 개발하긴 했는데, 제대로 세일즈를 하지 못해 상품이 창고에 가득 쌓여 있다고 했다. 동창들 중에 가장 잘나가던 친구가 하루아침에 실업자 신세가 되리라고는 홍 대리는 물론 그 누구도 상상하지 못했던 일이다.

'그래, 물건 좋은 거 누가 모르나? 하지만 팔려야 의미가 있지……'

갑자기 정신이 번쩍 들었다. 남 얘기가 아니었던 것이다. 저절로 허리가 펴지면서 몸이 앞으로 향했다.

"제품을 기획해서 세일즈가 이루어질 때까지 단계마다 수없이 많은 노력을 쏟아 부어야 합니다. 히트상품은 단지 좋은 아이디어 하나로 완성되지 않는다는 것을 누구보다 여러분이 잘 알고 있겠죠. 책상 앞에 오래 앉아 있다고 해서 훌륭한 아이디어가 떠오르거나 최고의 제품이 창조되는 것은 아닙니다. 기획성이 훌륭한 제품보다 더 뛰어난 제품은 고객이 인정하는 제품이죠."

홍 대리는 자신도 모르게 가슴이 뜨끔했다. 지금까지는 무엇보다 기획력이 우선이라고 생각했기 때문이었다.

"고객이 필요로 하는 것이 무엇인지 모르면서 좋은 아이디어를 찾을 수 있을까요? 그런 착각이야말로 장님이 코끼리를 만지는 것과 같습니다. 그렇다면 고객이 무엇을 원하고 무엇을 필요로 하는지 어디에서 어떻게 찾을 수 있을까요?"

신 원장은 바로 말을 잇지 않고 좌중을 돌아보았다.

"답은 바로 현장에 있습니다. 현장에서 직접 경험을 해야 정확한 감을 잡을 수 있다는 얘기죠. 살아 있는 아이디어는 사무실 책상이 아닌 현장에서 나옵니다."

모두 공감한다는 듯 고개를 끄덕이고 있었다. 그 때였다. 신 원장이 좀 전과 다른 밝고 가벼운 목소리로 질문을 던졌다.

"순수한 자신의 노력만으로 억대 연봉을 받을 수 있는 방법을 아는 분 있습니까? 창업하지 않고, 내일 당장 임원으로 승진하지 않고, 물론 로또에 당첨되지도 않고요."

신 원장의 농담에 여기저기서 웃음소리가 터지면서 긴장이 감돌았던 강연장 분위기가 부드럽게 풀어졌다.

"세일즈요!"

누군가 기분 좋게 소리쳤다.

'세일즈로 억대 연봉?'

홍 대리는 설마 하면서도 귀가 솔깃했다. 억대 연봉이라니, 꿈만 꾸었지 현실이 되리라곤 생각해본 적 없는 이야기였다. 그러고 보니 세일즈마케팅부는 실적에 따라 성과금을 준다는 이야기를 들었던 기억도 났다.

'하긴 동기들에 비해 두세 배의 연봉을 받는다고 했던가.'

그뿐만이 아니었다. 뛰어난 실적을 올린 직원에게는 해마다 두

둑한 보너스와 함께 해외여행의 기회도 준다고도 했다.

'임원과 비슷한 급의 연봉을 받으면서 칭찬과 격려까지 아낌없이 받는 셈이잖아? 게다가 현장에서 일하면 일할수록 쌓이는 경험은 그대로 세일즈 노하우로 자리 잡아 다음 번 성취로 이어지기까지 할 테고……. 그런데 난 여태 왜 세일즈에 대해 전혀 생각해보지도 않았을까?'

신 원장의 이야기는 계속 이어졌다.

"5년 후, 10년 후, 여러분은 어떤 비전을 갖고 계신가요? 이대로 자리보전하면서 적당히 승진하고 연봉 협상에 성공하면 다행이라고 생각하시나요? 40~50대까지 쭉 일하다가 명예로운 박수를 받으며 은퇴하는 시대는 이제 지났습니다. 만약 40대에 퇴직을 하게 된다면 무엇을 하실 건가요? 뭐든 창업이라도 하면 될 거라고 생각하시나요?"

홍 대리는 정곡을 찔린 것 같아 몰래 고개를 숙였다. 바늘로 손가락 끝을 찌르듯 가슴에 콕콕 박히는 말이었다. 자신이 좋아하는 일이긴 했지만 '안정된 직장생활'에 대한 마음 또한 강했던 것이다.

홍 대리는 자신의 앞날을 생각해보았다. 그러나 미래에 대한 비전은커녕 모든 게 막연할 뿐이었다. 자신의 대책 없는 미래를 신 원장의 입으로 직접 들으니 두려움과 함께 비정한 현실이 고스란히 느껴졌다.

"그러나 세일즈에서 확실한 성과를 내게 되면 정년 보장은 물론 퇴직 이후에도 걱정할 필요가 없습니다. 자기 연봉은 스스로 벌 뿐만 아니라 현장에서 갈고 닦은 경험을 바탕으로 창업을 해도 성공할 확률이 월등히 높죠. 여러분은 자신에게 어떤 기회를 주며 어떤 시각으로 바라보고 있습니까? 단지 주어진 업무를 잘 해내고 있는지 비판하고 비난하는 수동적인 감독자로 살고 계신가요? 아니면 스스로의 미래를 계획하고 실천하는 능동적인 경영자로 살고 계신가요?"

홍 대리는 시간이 지날수록 신 원장의 이야기에 빠져들고 있었다. 자신을 수동적인 감독자로 전락시킬 것인지, 능동적인 경영자로 승격시킬 것인지 처음으로 고민하게 되었다. 이야기를 들을수록 세일즈에 대해 갖고 있던 두꺼운 편견의 벽이 조금은 깨지면서 새로운 시각이 열린 기분이 들었다.

"마지막으로 하나만 더 물어보죠. 여러분은 세일즈가 뭐라고 생각하시나요?"

신 원장의 질문에 몇 명이 대답하는 소리가 들렸다. 그러나 홍 대리는 이 간단한 질문에 대답할 말이 자신에게는 없다는 것을 깨달았다. 그것은 충격이었다. 당장 다음 달부터 세일즈 현장에서 뛰어야 한다. 그런데 세일즈가 무엇인지조차 모르고 있다니.

"여러분 중에는 자진해서 세일즈를 선택한 분도 있고, 회사의 방침 때문에 앞으로 하게 될 사람도 있을 겁니다. 하지만 처음 동기가 무엇이든 우리는 늘 자신을 세일즈하면서 살아간다는 사실에는 변함이 없습니다. 고객에게 물건을 파는 것만이 세일즈라고 생각하신다면 그것이야말로 세일즈에 대한 편견과 오해입니다. 세일즈는 단순히 자신이 갖고 있는 것을 파는 행위가 아닙니다. 고객이 진정 필요로 하고 원하는 것을 주는 것이죠."

홍 대리는 자신도 모르게 귀를 기울였다. 강연장의 열기도 점점 뜨거워지고 있었다.

"처음 세일즈 현장에 나가서 부딪히는 가장 어려운 문제가 뭐라고 생각하시나요? 현장에 대한 무지함일까요? 고객의 비협조적인 태도일까요? 아니면 자신의 능력 부족일까요? 이런 것들은 모두 배우고 겪으면서 충분히 극복해낼 수 있습니다. 정작 내 심장을 얼리고 내 두 발을 묶어버리는 진짜 문제는 바로 내 안의 두려움입니다."

나지막한 탄식이 강연장 안에 흘렀다. 누구나 한 번쯤은 겪었을 것이었다. 홍 대리도 세일즈마케팅부로 발령이 났을 때 처음 들었던 마음이 바로 '두려움'이었다는 것을 이제는 솔직히 인정하고 있었다.

"그러나 기억하세요. 두려움과 용기는 함께할 수 없습니다. 우리는 둘 중 하나를 선택해야만 합니다. 두려움에 떨면서 핑계를 댈 것인가, 아니면 용기를 내어 한 발 전진할 것인가? 용기는 우리에게 성장의 기회를 줍니다. 회사도 상사도 나의 미래를 책임지진 않습니다. 오직 자신만이 책임질 수 있습니다. 우리 안에는 수많은 내가 있지만 극단적으로 말하자면 딱 두 사람이 존재합니다. 두려움에 떠는 자와 용기를 내어 나아가는 자. 여러분은 어느 쪽을 선택하고 싶으신가요?"

신 원장은 의미심장한 한마디를 남기고 고개를 숙여 깍듯이 인사했다. 여기저기에서 한 사람씩 일어선다 했더니 어느새 열렬한 기립박수가 터져 나왔다. 너무나 인상 깊은 마무리였기에 홍 대리도 벌떡 일어나 박수를 쳤다.

강연을 듣기 전과 들은 후, 홍 대리는 자신이 전혀 다른 사람이 된 듯한 기분을 느꼈다. 강연 초반 가득했던 불만은 봄바람에 눈 녹듯 사라졌다. 신기한 일이었다. 단순히 억대 연봉에 대한 꿈이나 미래의 비전이 생겨서는 아니었다.

세일즈라는 미지의 세계에 대한 호기심이 홍 대리의 마음속에서 막 싹트려 하고 있었다. 어차피 해야만 하는 일이라면, 회피하지 말고 부딪쳐보자는 오기도 생겼다.

'길게 보면 세일즈 현장의 경험을 쌓는 것도 나쁘진 않지. 실제로 내 역량을 시험해볼 기회일 수도 있잖아.'

부서이동 정도로 회사를 그만두는 정신력이라면 다른 곳으로 이직을 한들 또 다른 벽에 부딪칠 것이었다. 홍 대리는 슬그머니 주먹을 꽉 쥐었다.

'의외로 잘 할 수도 있지 않을까? 어쨌든 긍정적으로 생각하

자. 전쟁이 일어난 것도 아니고 화산이 터진 것도 아니잖아. 혹시 알아? 나도 억대 연봉을 받게 될지.'

홍 대리는 잠시 느긋한 마음으로 달콤한 상상에 빠졌다. 아름다운 이국의 섬과 특급 호텔에서의 휴가를 생각하는 것만으로 흐뭇했다. 마음을 바꾸니 벼랑 끝인 줄 알았던 발끝이 낮은 내리막 정도로 느껴졌다.

"그래, 새롭게 도전할 기회가 주어진 것인지도 몰라."

홍 대리는 새삼스레 신 원장을 바라보았다. 도대체 어떤 사람이길래 자신의 마음을 바꾸게 할 수 있었는지 궁금증이 일었다. 조명 때문인가, 환하게 웃으며 박수에 화답하는 신 원장의 머리를 둘러싼 후광이 보이는 것만 같았다.

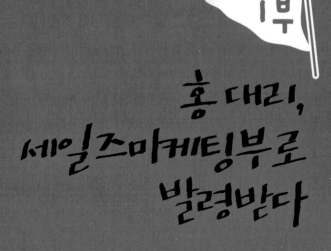

# 1부

# 홍 대리,
# 세일즈마케팅부로
# 발령받다

## 세일즈의 절반은 자신감이다

# 왜 나만 갖고 이러냐고요

"지금 이걸 월말 보고서라고 써 온 거야? 도대체 제정신이야?"

세일즈마케팅부 송일 팀장은 다짜고짜 소리부터 질렀다.

'또 시작이군.'

홍 대리는 속으로 한숨부터 내쉬었다. 보고서로 호되게 당하는 것이 벌써 1주일째였다. 사내에서도 세일즈마케팅부의 송 팀장 하면 '버럭 송'으로 통했다. 노래 제목이 아니었다. 상대가 못마 땅하면 앞뒤 가리지 않고 일단 버럭 화를 내며 소리부터 지르기 때문에 붙은 별명이었다.

심기가 불편한 것은 홍 대리뿐만이 아니었다. 처음부터 세일즈 마케팅부를 지원해서 잔뼈가 굵은 팀원들과 다른 부서에 있다가 회사 방침으로 이동해온 팀원들 사이에는 오래전부터 보이지 않는 앙금이 있었다.

세일즈의 '세'자도 모른 채로 와서 어차피 잠시 견디다가 원래 부서로 돌아갈 것이라는 생각에 텃세도 있었지만 1년이라는 제한된 시간에 적응하는 일 또한 쉽지 않았던 것이다.

보통 1년에 두세 명 정도는 세일즈마케팅부로 이동하곤 했는데 이번엔 홍 대리 혼자였다. 맹수들이 우글거리는 아마존 정글에 무기도 없이 던져진 신세라고나 할까. 소문에 의하면 조만간 대대적인 인사이동이 있을 것이라고 했다.

'왜 나만 갖고 이러냐고요.'

홍 대리는 하소연할 데도 없이 억울한 마음만 들었다. 1억 연봉을 상상하며 긍정적인 마음으로 출근을 해도 매일 먹는 것은 욕이요, 듣는 것은 고함이요, 보는 것은 화가 나서 씩씩거리는 팀장의 유난히 큰 얼굴이었다. 눈치를 보던 다른 팀원들은 슬그머니 자리를 피해 일어서더니 하나둘 나갈 준비를 했다.

'아, 진짜 누구는 할 말이 없어서 참고 있는 줄 아나.'

속으로는 온갖 하고 싶은 말들이 난무했지만 홍 대리는 최대한 목소리를 조절하며 말을 꺼냈다.

"어디가 잘못되었는지 말씀해주시면……."

자기가 쓴 보고서의 어디가 어떻게 잘못 되었는지 조목조목 짚어주면 수긍을 할 수도 있을 것 같은데, 도대체 이 인간은 아침 밥으로 기차 화통을 통째로 삶아 먹었나 왜 항상 소리부터 지르는 것인지 알 수가 없었다.

"이번 달 매출 목표와 수금 목표는 얼마인가?"

"아, 그건 아직 정확히 파악하지 못 했는……."

말을 채 끝내기도 전에 송 팀장의 표정을 본 홍 대리는 빛보다 빠른 속도로 입을 다물었다. 송 팀장은 여전히 말이 없었다. 다만 지금이라도 자리를 박차고 뛰어올라 홍 대리의 목을 물어뜯을 듯한 표정으로 노려보고 있을 뿐이었다. 이럴 때의 송 팀장은 인간이라기보다는 마치 야수에 가까워 보였다.

# 생각을 지배하는 네거티브 난쟁이

"그러니까……."

홍 대리는 심호흡을 크게 한 번 하고 용기를 내어 설명하려고 했다. 자신이 쓴 보고서니 누구보다 잘 알고 있었다. 확실히 송 팀장의 마음에 들지 않을 수도 있었다. 입사 후부터 기획실에서만 일한 자신이 어떻게 하루아침에 세일즈의 모든 것을 일목요연하게 꿰뚫어 결과를 척척 낼 수 있겠는가. 하지만 적어도 나름대로 합당한 결과물이었기에 삼각함수 공식을 대듯 논리정연하게 말하고 싶었다.

그때였다. 머릿속에서 딸깍, 회로가 바뀌는 소리가 들렸다.

'야야, 홍 대리! 미쳤어? 차라리 혀를 깨물라고!'

'네거티브 난쟁이 홍'의 목소리였다. 뇌 주름과 주름 사이 어딘가에 똬리를 틀고 있는 것이 틀림없는 이놈은 느긋하고 정 많고 사람 좋아하는 현실의 홍 대리와는 달리 소심하고 괴팍하며 매사를 부정적으로 꼬나보는 또 하나의 자신이었다. 평소엔 곰처럼 쿨쿨 겨울잠이라도 자는지 꼼짝도 하지 않다가 정작 용기가 필요한 '결정적인 순간'에만 눈을 번쩍 뜨고는 마구 지적질을 해대며 생각을 지배해버리는 것이다.

'입 다물어, 바보야! 입만 벙긋해봐! 그냥 죽은 척해!'

'네거티브 난쟁이 홍'은 입에 거품을 물고 벽에 머리를 쿵쿵 박으며 손으로 입을 틀어막았다. 언제나 그랬듯 현실의 홍 대리보다 머릿속 이놈이 훨씬 셌다. 겉으로는 애써 평정을 유지하고 있었지만 홍 대리는 지퍼라도 달린 듯 입을 꾹 다물고 죄인처럼 송 팀장의 눈치를 살폈다.

"정확히. 파악을. 하지 못했다."

송 팀장이 한 음절 한 음절 또박또박 말했다. 말린 명태를 머리부터 꼬리까지 뼈째로 오도독오도독 씹어 먹는 듯한 말투였다. '정확히 파악하지 못했다'는 말은 송 팀장이 가장 싫어하는 말이었다.

지금까지 세일즈마케팅부를 거쳐간 수많은 '외지인' – 다른 부서에서 온 사원들을 비공식적으로 이렇게 불렀다 – 들이 약속이라도 한 듯 입에 달고 사는 말이었지만, 무엇보다 현장에서 뛰지 않고 책상 앞에서만 머리를 굴리는 태도가 꼴 보기 싫었다.

"정확히 파악을 못 했다고? 마감이 코앞인데 아직 파악을 못 했다고?"

같은 말을 마지막에 반복하는 것은 화가 머리끝까지 났을 때 나오는 송 팀장의 버릇이었다.

"지금까지 뭘 했기에 업무 파악도 제대로 못 해? 몇 살이야? 밥숟가락 입에 넣어줘? 손수건 턱 밑에 달아줘?"

송 팀장은 회사방침이고 뭐고 간에 속에서 천불이 일었다. 하나부터 열까지 가르쳐야 하는 어린애도 아니고 '현장 경험'이라는 명목 아래 오는 놈들마다 죄다 이 모양이니 이젠 아주 진절머리가 날 지경이었다.

"매출, 수금 상황이 모두 월 목표의 70%도 안 되잖아! 첫 달이라 그냥 넘어가겠다 이거야? 그럼 나머지 30%는 누가 거저 채워주나? 내가 채울까? 다음 달 목표라고 잡아온 이건 또 뭐야! 80% 달성? 기획실에서 왔다고 차근차근 목표달성하나? 아예 달성 못 하는 이유도 기획서로 쓰지 그래? 그 눈은 휴대폰 볼 때만 쓰는 눈이야? 선배들한테 물어는 봤어? 그 입은 밥 먹을 때만 쓰는 입이야? 대리점 하루에 몇 군데나 가봤나? 그 발은 퇴근할 때만 쓰는 발이야?"

나왔다! 송 팀장의 필살기! 기관총 쏘듯 쉴 새 없이 이어지는 물음표 공격에 홍 대리는 고개를 들지도 못하고 숨조차 못 쉴 지경이었다. 이건 정말 직접 당하는 사람이 아니면 말로 설명할 수 없었다. 가만히 서서 듣는 것만으로도 살이 1~2킬로그램은 빠지고도 남을 정도였다.

"아, 아직 거래처 파악을 다 못해서 정확한 수치를……."

홍 대리의 이 한마디가 송 팀장에게 남아 있던 가느다란 이성의 끈마저 싹둑 잘라버렸다.

"뭐? 정확한 수치? 수치 같은 소리 하고 있네. 자네가 바로 우리 팀의 수치야! 인수인계 자료는 뒀다 뭐해? 기획하다 왔다고 현장을 우습게 보는 거야? 생산 라인이 1초라도 멈추는 거 봤어? 하루만 한눈팔아도 내가 알고 너도 알고 거래처에서도 안다는 거 몰라? 인수인계 충분히 받았지? 그런데 보고서 하나 제대로 작성 못 해?"

"죄송합니다."

이럴 때 통하는 방법은 딱 하나였다. 홍 대리는 무조건 머리를 숙였다. 아무래도 오늘 일진은 아주 사나운 것이 틀림없었다. '네거티브 난쟁이 홍'이 더 깊게 머리를 숙이라고 속삭였다.

'지금 이 상황은 피하고 봐야지. 어쩌겠어. 네가 못난 탓이잖아. 이 한심한 놈아.'

그랬다. 어쨌든 자신이 무능력한 탓이었다.

"정말 죄송합니다."

"몇 번이나 죄송하다는 말을 할 기력이 있으면 나가서 현장부터 확인하고 와!"

홍 대리는 서둘러 자리로 돌아왔다. 이렇게라도 해서 미친 듯 불을 뿜어내는 송 팀장에게서 벗어날 수 있다면 현장이 아니라 지옥에라도 갈 수 있을 것 같았다. 급하게 나가는 홍 대리의 뒤통수에 송 팀장의 으르렁거리는 소리가 쫓아왔다.

"내일까지 다시 써 와! 그리고 이번 달 목표 무조건 100% 달성해!"

# 먼 희망, 가까운 절망

아침마다 송 팀장의 눈치와 고함과 구박을 몇 사발씩 먹으며 홍 대리는 1주일 동안 그야말로 발에 땀이 나도록 뛰었다. 인수인계를 받으며 눈도장을 찍었던 거래처마다 들러 인사하고 매출을 확인하면서 자신이 생각해도 '열심히! 부지런히!' 세일즈맨으로서의 의무를 다했다. 퇴근 후엔 집에 돌아가자마자 녹초가 되어 곯아떨어지기 일쑤였다.

그러나 이상한 일이었다. 아니 이상한 정도가 아니라 불가사의한 일이었다. 미스터리도 이런 미스터리는 듣지도 보지도 못했을 정도였다. 업무에 진척이 '전혀' 없었던 것이다.

"이러다 제 명에 못 살지. 내가 너무 쉽게 생각했나?"

'내 뭐랬어. 안 된다고 했잖아.'

"연봉 1억이야. 한번 도전해보고 싶다고."

'꿈 깨! 네 주제에 무슨. 주는 월급이나 감사히 받고 살아.'

"아냐, 나도 할 수 있어! 성공을 손에 넣을 수 있다고!"

'얼씨구. 세일즈가 편의점에서 파는 삶은 달걀이냐, 아무나 손에 넣게.'

누가 보면 미친놈이라고 할지도 모를 광경이었다. 아까부터 홍대리는 연신 혼잣말을 하고 있었다. 하지만 그건 분명 대화이기도 했다. 홍 대리가 한마디를 하면 인상을 잔뜩 구긴 '네거티브 난쟁이 홍'이 지지 않고 대꾸를 했던 것이다.

"으아아아아아아!!!!!!!"

홍 대리는 '네거티브 난쟁이 홍'이 놀라 떨어져나가길 빌며 세차게 머리를 흔들었다. "누가 애 좀 말려줘요!"라고 외치고 싶었다. 용기를 쥐어짜내도 부족할 판에 자꾸 자기 안에서 부정적인 소리가 들리니 미치고 환장할 노릇이었다. 차라리 아무 생각도 하고 싶지 않았다. 생각만 하려고 하면 '안 돼, 못 해, 실패할 거야'라는 소리가 고장 난 녹음기처럼 자동으로 재생되고 있었다.

"휴우우우우."

발밑의 땅이 3미터는 푸욱 꺼질 정도로 한숨을 쉬고 고개를 들었다. 어느새 서부지점 앞이었다. 홍 대리가 맡고 있는 구역 중에서 가장 큰 지점이었기에 나름대로는 자주 찾아오며 관리하는 곳이었다.

홍 대리를 데리고 다니며 세일즈마케팅의 기본을 익혀주어야 하는 선배들은 처음부터 호의적인 태도가 아니었다. 하지만 그거야 어느 정도 예상했던 일이었다. 홍 대리가 맡은 지역은 담당자가 경쟁사인 JK로 옮겨가면서 졸지에 맡게 된 곳이었다. 세일즈 능력은커녕 경험도 없는 신참이 떡 하니 중요한 곳을 맡았으니 아니꼬울 수밖에 없었을 것이다.

홍 대리는 선배들을 떠올렸다(이름 대신 혼자 몰래 1호, 2호, 3호로 부르고 있었다). 선배 1호는 철저한 방관자였다. 자기 영업에 바빠서 홍 대리를 챙길 생각은 아예 없는 것 같았다. 어쩌다 얼굴이 마주쳐도 영업용 미소를 지으며 "처음엔 다 그래" "나가서 부딪쳐봐" "걱정하지 마" 등 한쪽 귀로 들어오자마자 다른 쪽 귀로 빠져나가는 말들뿐이었다.

선배 2호는 홍 대리와 거의 같은 연배로 은근히 라이벌 의식을 느끼고 있었다. 대놓고 비아냥거리거나 이죽거리기도 했다.

"홍 대리님이야말로 정말 진정한 능력자시네. 어떻게 손 하나 까딱 안 하고 알로 다 먹는대요, 그래? 비결 좀 알려주시지. 고참이 오래 터 닦아놓은 매장 접수했으니 1년 편하게 잘 놀다가 기획실로 복귀하면 되겠네요."

말투는 나긋나긋하고 느렸지만 곱씹을수록 복장이 터지는 소리였다. 한 번은 어찌나 얄미운지 그의 집을 찾아내 창문에 짱돌을 던지고 싶었던 날도 있었다.

마지막으로 선배 3호. 홍 대리는 고개를 절레절레 흔들며 한숨을 폭 내쉬었다. 그의 목소리만 들려도 홍 대리는 슬그머니 자리를 피했다. 사람의 속을 파헤치는 게 송 팀장 못지않은 '전문 기술자'였던 것이다.

사정이 이러니 점심시간엔 늘 혼자일 수밖에 없었다. 처음엔 혼자 밥 먹는 일이 처량했지만, 그렇다고 점심시간마다 기획부 옛 동료들을 만나는 것도 자존심 상하는 일이었다. 조금씩 요령이 생겨 대리점에 눌러 있다가 점심을 같이 먹는 일도 있었지만 아직은 마음 편한 일이 아니었다. 밥을 함께 먹기 위해 억지로 눈치를 보며 낯선 사람들과 섞이는 일은 여전히 곤혹스러운 일이었다.

대놓고 왕따를 당하는 꼴은 아니었지만 살갑게 누군가와 지내는 형편도 아니었다. 마음을 터놓고 지낼 사람이 없다는 것이 홍 대리를 힘겹게 했다.

"기획실에 있을 때가 좋았는데."

홍 대리는 멍하니 매장을 바라보며 지나간 청춘을 회상하는 노인처럼 생각에 잠겼다. 일의 성격이 달라졌으니 익숙해질 때까지 시간이 걸린다는 것도 알고는 있었다. 하지만 점점 자신감이 떨어지고 있었다.

"물에서 놀던 고기가 뭍에 나와서 이게 뭔 고생이냐."

거래처에만 들어가려고 하면 몸이 뻣뻣하게 굳어서 영 마음이 편하지 않았다. 당당하게 자사제품을 영업하러 가는 것인데도 마음 깊은 곳에서는 비굴하고 초라한 마음이 들었다. 오래 세일즈 현장에서 뛰며 나름대로의 성과를 올리는 1호, 2호, 3호와 자신을 비교하는 것도 괴로운 일이었다.

"게다가 팀장님은 매일 왜 그래? 나한테 개인적인 감정이 있는 게 틀림없어. 그렇지 않고서야 어떻게 볼 때마다 그렇게 못 잡아먹어서 안달일 수가 있어?"

삼중추돌 사고라도 난 자동차마냥 미간이 항상 세 줄로 구겨져 있는 송 팀장의 얼굴을 아침마다 보는 것도 괴로운 일이었다.

'때려치워. 사표 내. 여기 아니면 일할 데 없냐?'

사라진 줄 알았던 목소리가 슬며시 다시 들려왔다.

"진짜 사표 확 내버려?"

진지하고 절실하게 이직을 생각하고 있자니 '우웅, 우웅' 온몸에서 진동이 느껴졌다. 깜짝 놀랐지만 정신을 차리고 보니 휴대폰 진동이었다. 발신인은 '버럭 송'이었다. 홍 대리는 군기가 바짝 든 신병처럼 꼿꼿한 자세로 서서 두 손으로 휴대폰을 부여잡았다.

"네! 팀장님!"

"어디야?"

"서부지점 앞입니다!"

"당장 들어와!"

"네? 무슨 일이신지……."

"이딴 식으로 일할 거면 당장 때려치워! 자기 지점 하나 간수도 못하면서 무슨 세일즈를 한다고 그래! 북한산지점이 JK로 간다잖아!"

어디서 폭풍우라도 몰려오는 듯 눈앞이 캄캄하게 흐려지고 있었다. 북한산지점은 서부지점에 이어 두 번째로 매출이 높은 곳이었다. 며칠 전에도 분명 인사 차 들러 눈도장을 찍고 왔는데, 그때도 아무 내색을 하지 않았었다.

"이건……배신이야, 배신!"

비틀거리며 걷던 홍 대리는 무릎이 푹 꺾이며 주저앉고 말았다. 눈앞에 지푸라기 같은 희망이라도 있다면 목숨을 걸고서라도 잡고 싶었다. 그러나 희망은 멀고 절망은 무섭도록 가까웠다.

화가 머리끝까지 나서 길길이 날뛰는 송 팀장은 살아 있는 활화산 그 자체였다. 누군가 화산폭발을 한 번도 본 적이 없다면 이모습을 보여주면 두려움에 덜덜 떨 정도로 실감할 정도였다.

"너 뭐 하는 놈이야? 회사 말아먹으려고 작정했어?"

"아, 아닙니……다."

"지가 맡고 있는 지점이 어떻게 돌아가는지도 모르면서 무슨 얼어 죽을 놈의 세일즈야! 시말서도 필요 없어! 당장 사표 써!"

하루에 수백 번도 더 쓰고 싶은 사표였건만 막상 송 팀장의 입에서 사표 쓰라는 말이 나오자 가슴이 철렁 내려앉았다. 상상 속에서 자신이 쓸 때는 당당한 사표였건만 상사의 입으로 듣는 사표는 어찌나 무섭고 막막한지. 송 팀장의 불벼락은 끝날 줄을 몰랐다.

"관계를 얼마나 엉망으로 해놨으면 담당도 몰래 JK로 간다고 해, JK로!!!!!!!!!!"

포효하는 송 팀장의 목소리가 길게 메아리쳤다. 알고 보니 전 담당이 JK로 스카우트되어 가면서 유난히 돈독한 관계였던 북한산지점을 빼돌리려 했던 것이다. 자신이 맡은 북한산지점이 사사건건 아우로와 비교가 되는 라이벌 회사 JK에 넘어갈 수도 있다는 사실은 홍 대리에게도 큰 충격이었다. 세일즈 현장은 소리 없는 총성이 난무하는 전쟁터라는 말이 이제야 실감나게 다가왔다.

'지금까지 내가 한 노력은 뭐지?'

북한산지점이 중요한 거래처라는 것은 물론 잘 알고 있었다. 전화도 하고 가끔 들러서 매출 점검도 했다. 지점장과 길게 대화를 나눈 적은 없었지만, 그거야 서로 바쁜 처지에 시간 뺏을까 봐 자기 나름대로는 배려라고 한 일이었다.

'도대체 뭐가 문제였지? 처음 인사 차 갔을 때 빈손으로 간 거? 굳이 그런 것까지 챙길 이유가 있나? 그럼 지난주에 갑자기 매출 점검한 거? 설마 그 정도 되는 양반이 그런 일로 자존심 상했을 리는 없고. 요즘 살이 많이 붙었기에 후덕해지셨다고 농담한 거? 그건 인상이 둥글둥글해보여서 칭찬한 거였는데? 아, 뭐야! 뭐가 문제야!'

자신은 나름대로 최선을 다했다고 생각했다. 하지만 하루아침에 모두 물거품이 된 듯했다. 승리냐, 패배냐, 오직 하나의 결과만 중요했다. 송 팀장이 마지막 불화살을 쏘았다. 뜨겁고 아픈 일격이었다.

"미치지 않고서야 일을 이 지경으로 만들어? 그 머리는 장식이야? 생각 좀 하고 일해!"

# 대화가 필요해

어떻게 보냈는지 기억조차 나지 않는 지난 한 주였다. 송 팀장은 아예 홍 대리를 잡아먹기라도 할 기세였다.

"모른다는 게 말이 돼? 정말 몰랐어? 분위기 파악이 그렇게 안돼?"

"찾아가 인사도 하고 그랬는데…… 아무 얘기도 없었……."

"얼씨구, 잘 한다. 그럼 떠나는 사람이 '그동안 감사했습니다. 안녕히 계십시오'라고 보고라도 하고 갈까?"

"……."

"방문해서 인사만 할 거면 차라리 인사용 아르바이트를 쓰지, 뭐 하러 비싼 월급 주며 홍 대리에게 맡기겠나? 지점장 표정을 제대로 보기나 한 거야? 매장 분위기는? 신제품 사전주문이 이번에 하나도 없더구만. 보고서에 그런 거 안 적고 뭐 해? 평소와 달리 이상한 점이 조금이라도 있으면 물어봐야 할 거 아냐! 지점 장과 무슨 얘길 했는지, 재고는 얼마나 남았는지, 신제품 주문은 왜 안 하는지, 하나부터 열까지 내가 물어봐줘?"

"……."

"북한산지점이 얼마짜린 줄 알아? 20억이야, 20억. JK로 가면 졸지에 앉아서 20억 날리는 거라고. 홍 대리 연봉이 1억이라고 해도 20년 동안 갚아야 하는 액수야! 1년 매출 20억짜리 고객이 사라지면 어쩔 거야? 이건 동료 세 명 정리해고하는 걸로도 모자라. 그럼 제품원가라도 줄일까? 입이 있으면 말을 해봐!"

아무 말도 할 수 없었다. 하지만 억울한 심정도 있었다. 북한산 지점은 자신이 맡은 지 한 달밖에 되지 않았다. 그에 비해 JK로 간 담당이 수년 동안 공들여 놓은 지점이었으니 회사를 떠나기 전부터 모종의 협의가 있었을지도 모를 일이었다.

'오히려 팀장님이나 선배들은 어느 정도 감을 잡고 있었던 거 아냐?'

오히려 주의를 기울이라는 정보를 줘야 했던 건 송 팀장이 아니던가? 혼자 독박을 쓴 건지도 모른다는 의혹마저 들었다. 하지만 현재로서는 입이 열 개라도 할 말이 없었다.

송 팀장은 물론 상무까지 직접 나서서야 겨우 북한산지점이 JK로 가는 끔찍한 사태만은 막을 수 있었다. 그 과정에서 홍 대리는 어쩌나 혼쭐이 났는지 쥐구멍이라도 있었다면 수십 번은 더 숨었을 것이다.

5일마다 돌아오는 주말이었건만 50년 만에 맞은 주말인 듯 토요일 오후가 되어서야 겨우 한숨을 돌릴 수 있었다. 홍 대리는 마음이 다급해져 이것저것 닥치는 대로 세일즈에 대한 책을 읽었다. 읽다보니 가슴 뻐근하게 알 수 없는 감정이 밀려왔다.

"아, 세상에 이런 사람들도 있구나! 책에 나온 성공담들은 어쩌면 이렇게 하나같이 가슴에 팍팍 와 닿……지가 않냐. 나와는 거리가 멀기만 하구나."

세일즈 왕초보인 자신이 도달하기엔 안드로메다 성운의 별과 같은 CEO들의 이야기는 아무리 그럴 듯하게 씌어 있어도 현실감이 느껴지지 않았다. '바늘방석에 앉은 것 같다'는 말이 어떤 것인지 그야말로 온몸으로 실감하고 있는 중이었다.

'북한산지점 사태' 이후 회사에선 납작 엎드린 채 여기저기 눈치만 보다보니 퇴근 무렵에는 온몸이 짓눌려 마치 가자미가 된 것만 같았다. 자신의 잘못을 인정하면서도 또 생각하면 억울하고 분해 자다가도 벌떡 일어나 뱃속이 후련해질 때까지 소리를 지르기도 했다.

"야이, 송 팀장!!! 너만 소리 지르면 다냐? 입이 있으면 뭐 해! 그 입은 소리 지를 때만 쓰는 입이지? 귀가 있으면 뭐 해! 그 귀는 성과 들을 때만 뚫리는 귀지? 눈이 있으면 뭐 해! 그 눈은 나 노려볼 때만 빛나는 눈이지?"

얼마나 스트레스가 쌓였던지 머리를 감을 때마다 머리카락이 한 움큼씩 빠졌다. 그게 다시 스트레스로 돌아와서 어떤 날은 심각하게 거울을 보며 머리를 꼼꼼하게 점검했다.

그러나 무엇보다 홍 대리는 '대화'를 나누고 싶었다. 아무리 대화할 상대가 없다고 해도 '네거티브 난쟁이 홍'과 답이 안 나오는 나 홀로 대화를 반복하고 싶지는 않았다.

"내가 무슨 모태 혼잣말쟁이도 아니고. 가만, 은서나 만나러 갈까?"

은서는 자신의 가게를 운영하고 있었다. 분야도 다르고 직장인인 자신과는 세일즈 입장이 다를 수도 있을 터였지만 그래도 자신의 이야기를 들어주고 격려해줄 친구가 필요했다.

"혹시 또 알아? 세일즈 노하우라도 듣게 될지. 아니면 뭐, 내 신세를 비웃기라도 하겠지."

# 그녀에게만 있는 특별한 것

은서의 신발가게는 동대문 지하상가 한쪽 구석에 자리 잡고 있었다. 화려한 건물에 입점해 있는 것도 아니었고 즐비하게 늘어서 있는 지하상가 중에서도 눈에 잘 띄지 않는 곳이었다. 하지만 대학가 근처 어느 가게의 벽 하나를 빌려 장사를 시작했던 때를 생각하면 놀랄 정도로 빠른 성장이었다. 물론 아직 월세 신세이긴 하지만 천장도 없이 벽 하나만 있던 가게에서 — 그것도 가게라고 부를 수 있다면 — 1년 만에 천장은 물론 바닥과 사면의 벽과 문까지 있는 버젓한 가게를 얻었으니 말이다.

'잘 다니던 유명 브랜드 신발회사를 갑자기 그만뒀다고 했을 땐 나도 좀 놀랐단 말이지.'

은서가 직장인으로 평생을 살아가는 건 자신의 취향이 아니라며 신발 장사를 하겠다고 나섰을 땐 내심 홍 대리도 걱정이 되었다. 초반엔 고생도 많이 했다. 하지만 지금은 자신이 디자인도 해서 자체 제작을 할 정도로 성장했다. 초등학교 때부터 알아온 오래된 친구라서 그런지 홍 대리는 내심 누구보다 은서를 자랑스럽게 생각하고 있었다.

'다 좋은데 애가 너무 짜. 소금도 은서보단 덜 짤 거야.'

장사를 시작하고 나서부터 은서는 지독한 '짠순이'가 되었다. 공짜밥 한 번 얻어먹기는 그야말로 1년에 딱 한 번, 생일에나 가능했다. 자신의 가게를 갖기 전에는 '절약! 또 절약!'을 외치며 정규직이라는 이유만으로 허구한 날 홍 대리의 주머니를 터는 은서였다.

그러나 더 큰 문제는 괴이한 성격 탓에 번번이 연애에 실패하고 마는 점이었다. 홍 대리는 늘 이런 은서를 놀렸지만 지고만 있을 은서가 아니었다. 은서는 홍 대리를 '단순 무식 지랄'이라며 아예 '단무지'로 불렀다.

은서는 가게 구석에 쭈그리고 앉아 바닥을 멍하니 보고 있었다. 누가 볼까 두려울 만큼 괴이한 표정이었지만 홍 대리에겐 익숙한 모습이었다. 그러나 오늘은 뭔가 달랐다. 평소 같으면 바닥만 긁고 있었을 텐데 뭔가 끊임없이 중얼거리고 있었다. 실연에, 실연에, 실연에, 실연을 거듭하더니 이것이 드디어 '크레이지 월드'로 승천한 것인가?

"또 당했나?"

홍 대리의 갑작스런 질문에 은서는 놀라지도 않은 채 고개를 크게 한 번 끄덕였다.

"너도 참 기네스 감이다. 어떻게 번번이 백 일을 못 넘기냐. 이번엔 왜? 이유가 뭐야?'"

"무섭대."

"네가?"

"아니. 신발에 대한 나의 지나친 사랑이."

"……그건 나도 무섭다."

사실이었다. 아무리 오랜 친구라고 해도 이것만은 은서 편을 들 수가 없었다. 자신이 만든 신발이 맘에 안 든다고 몽땅 모아다가 시장 광장에서 불 싸지르려고 했던 적도 있었다. 심지어는 주문한 대로 만들지 않았다고 도끼를 들고 – 도대체 그런 물건은 어디서 구하는지 아직도 미스터리다 – 공장으로 쳐들어갔던 여자였다. 그 사실은 두고두고 인구에 회자되면서 아직도 동대문상가에 전설로 내려오고 있다.

"하지만 그 놈이 표현은 잘못했네."

"그렇지? 신발에 대한 지나친 사랑이라니. 내가 변태냐?"

홍 대리의 말에 풀이 죽어 있던 은서가 반짝 고개를 들었다.

"그러게. 널 어떻게 보고. 신발에 대한 지나친 사랑이라니, 표현하고는 쯧. 그건 똘기나 광기라고 해야지. 그리고 너 변태 맞아."

홍 대리의 말이 끝나자마자 벌떡 일어선 은서가 어퍼컷을 날렸다. 그러나 어디 한두 번 당해본 홍 대리던가. 요리조리 피하면서 약만 올리자 결국 은서도 피식 웃더니 자리에 털썩 주저앉았다.

홍 대리도 그 옆에 앉았다. 은서는 언제 실연의 아픔을 겪었냐는 듯 신발을 하나하나 들고 보면서 흐뭇한 미소를 짓고 있었다. 홍 대리는 이런 은서가 부럽기도 했다. 신발에 온갖 정성을 쏟는 은서를 보면 그녀의 가게에 왜 유난히 단골손님이 많은지 알 것도 같았다. 홍 대리는 은서에게는 있고 자신한테는 없는 게 무엇인지 곰곰이 생각했다.

'생각하는 데 투자하는 시간의 차이?'

은서는 밥 먹고 잘 때 빼고는 아니, 밥 먹을 때도 잠을 잘 때도 오직 신발만을 생각하는 사람 같았다. 때로는 신발을 껴안고 잠이 들기도 한다고 했다. 길을 걸을 때도 땅바닥, 정확하게는 사람들이 신고 있는 신발만 보느라 여기저기 부딪치는 일도 많았다. 하지만 홍 대리도 은서 못지않게 어떻게 하면 세일즈를 잘할 수 있을까를 생각하긴 했다.

'밥줄에 대한 절실함?'

오직 안정을 위한 선택이었다면 다니던 직장에 그대로 남아서 일하는 게 더 나았을 것이었다. 그리고 절실함이라면 자신도 은서 못지않다고 생각했다.

'자신이 좋아하는 일을 하는 것?'

은서의 광기에는 못 미치겠지만 자신도 이 일을 좋아했다. 그런데 이 정도의 관심으로는 부족한 것일까? 아무리 생각해도 은서의 그 특별한 태도를 뭐라고 해야 할지 알 수가 없었다. 그저 '미쳤다'고밖에는.

## "알 이즈 웰(All is well)"

'자존심이냐, 배움이냐.'

홍 대리는 두 갈래 길 앞에서 잠시 고민을 했다. 은서와는 동성 친구처럼 허물없는 사이였지만 세일즈에 대해 이런저런 것들을 친구에게 물어보기엔 창피했다. 오기 전엔 호기롭게 모든 것을 말하리라 생각했지만 막상 사표 쓰라는 얘기를 들었다고 솔직하게 털어놓자니 마음이 복잡했다.

'야, 됐어. 친구한테까지 못난 꼴 보일래?'

어느새 슬그머니 눈을 떴는지 '네거티브 난쟁이 홍'이 한쪽 입술 끝을 비틀어 올리며 속삭였다.

'말해봤자 답 안 나와. 대화는 개뿔. 집에 처박혀 그냥 하던 고민이나 혼자 계속 하란 말이야.'

'이런 좁아터진 신발 가게나 하고 있는 애가 세일즈에 대해 뭘 알겠냐?'

'고상하고 품위 있는 세일즈가 이런 후줄근한 신발 장사하고 같냐?'

'네거티브 난쟁이 홍'의 목소리가 커질수록 홍 대리는 점점 더 말이 없어졌다. 아무 말 없이 앉아 있는 홍 대리를 아랑곳하지 않고 신발만 들여다보던 은서가 갑자기 주문 같은 한마디를 중얼거렸다.

"알 이즈 웰."

"뭐시기?"

"어떤 영화를 보니까 이런 대사가 있더라. 마음은 쉽게 겁을 먹기 때문에 때로는 속일 필요가 있대. 그래서 큰 문제가 생기면 가슴에 대고 이렇게 얘기하래. 알 이즈 웰."

"그럼 문제가 해결된대?"

"아니. 문제를 해결할 수 있는 용기를 준대. 단무지, 따라해 봐. 알 이즈 웰."

"알 이즈 웰."

"더 크게. 알 이즈 웰."

"알 이즈 웰."

은서가 천진난만한 아이처럼 웃었다. 둘은 한참을 실없이 주거니 받거니 하다가 기어이 큰 소리로 웃고 말았다. 예전부터 그랬다. 굳이 무슨 일이 있었냐고 물을 필요도 없었다. 옆에 앉아 실없는 농담을 주고받으며 낄낄거리면 죽을 만큼 무겁게 느껴지던 고민도 툭툭 털어버릴 수 있는 해프닝처럼 느껴지곤 했다.

한참을 웃고 난 후 홍 대리는 조심스럽게 말을 꺼냈다. 웃음이 자신에게 여유를 준 것 같기도 했다. 가볍게 말을 시작한 것에 비하면 북한산지점 배신 사건에 이르러서는 전 담당의 인간성을 열렬하게 성토해버렸지만.

# 세일즈가 당신을 힘들게 할지라도

홍 대리의 이야기를 듣고 난 은서가 어깨를 툭툭 쳤다.

"세일즈가 너를 힘들게 할지라도 결코 슬퍼하거나 노여워하지 말라."

"그건 또 뭔 소리야?"

"그 시 생각 안 나? 우리 고등학교 때 외워서 시험도 봤잖아. 삶이 그대를 속일지라도 결코 슬퍼하거나 노여워하지 말라."

"아, 생각난다. 그 다음이 뭐였지?"

"몰라."

당당하게 대답하는 은서를 보며 홍 대리는 자신이 깜박 잊고 있던 사실을 깨달았다. 은서는 자신이 기억하고 싶은 것만, 자신에게 유리하게 편집해서, 자신만을 위해 기억하는 병이 있다는 것을.

"얘기 다 끝났냐? 단무지, 네가 언제부터 여린 마음 꼬꼬마 동호회 회원이었냐? 밥이나 사. 먹고살기 힘든 자영업자 앞에서 월급 따박따박 받는 정규직이 감히 어디서 징징 대냐."

이쯤되니 잊고 있던 게 하나 더 있었다는 것도 깨달았다. 은서는 절대로 친절하고 따뜻한 말 따위로 친구를 위로하지 않는다는 것을.

"단무지, 아직 애기구나, 애기. 아이구, 언제 크냐."

은서가 다시 홍 대리를 툭툭 쳤다. 하지만 이번엔 어깨가 아니라 엉덩이였다.

"야! 다 큰 남자한테 무슨 짓이야?"

"다 큰 남자 좋아하네. 네가 한 일이 솔직히 뭐냐? 지점 돌아다니면서 얼굴 도장 찍은 게 다잖아. 얼굴마담도 못 되는 게…….. 넌 열심히만 하면 다 된다고 생각하지?"

"그럼 뭐가 또 있는데?"

"단무지가 김밥 안에서만 살더니 세상을 참 몰라요. 네가 맡고 있는 업무의 본질이 뭔지는 알고나 있냐?"

홍 대리는 새삼 놀라운 눈으로 은서를 바라보았다. '업무의 본질'이라니. 은서가 이런 어마어마한 단어도 알고 있었단 말인가.

"세일즈가 뭐라고 생각하냐?"

살면서 은서에게 이런 질문을 받을 날이 올 것이라고 생각해본 적도 없었다. 하지만 진지한 은서의 얼굴에 기가 눌려 홍 대리는 얼떨결에 '열심히' 답을 찾았다.

"얼씨구, 저 열심히 찾는 표정하고는. 도대체 넌 뭐냐?"

"뭐, 뭐냐니……."

"사표 내라는 한마디에 저렇게 세상 다 산 것처럼 죽상이면 이 세상 직장인은 천 번도 더 죽었겠다. 여기가 뭐 부활 천국이냐?"

"……."

"넌 무조건 열심히만 하면 남들이 다 알아줄 거라고 믿지? 전임이 도덕적으로 못할 짓을 했다고? 그래, 네 말도 맞다고 치자. 하지만 중요한 고객을 지키지 못한 것도 네 책임이야. 지 밥그릇하나 지키지도 못하면서 밥그릇 발로 찼다고 징징대는 꼴이라니. 너한텐 세상이 그렇게 만만하냐? 순정만화 그려? 네가 잠자는 숲속의 왕자야? 보나마나 뻔하지. 연봉 1억 어쩌구 하면서 단꿈만 꾸었겠지. 제대로 된 노력은 할 줄도 모르고 꿈이니 뭐니 하면서 헛물만 켜는 너 같은 인간을 뭐라고 하는지 아냐?"

"……."

"단물만 쏙 빨아먹는 날파리."

은서에 대해 잊고 있던 게 또 있었다는 것을 깨달았다. 평소엔 농담으로 털털하게 웃어넘기지만 한번 마음먹고 입을 열 때는 절대로 중간에 그만두지 않는다는 것을. 상대가 너덜너덜해질 때까지 쑤시고 찌르고 찢어대면서 완전히 통째로 초전박살을 내는

독설가라는 사실을 말이다.

"도움 받을 수 있는 사람을 찾아봐. 확실하게, 널 개조시켜줄 사람 말이다."

"멘토가 되어줄 사람?"

"멘토? 내 앞에서 영어 쓰지 마라. 멘탈 붕괴된다."

야야, 멘탈도 영어거든? 홍 대리는 한마디 해주고 싶은 것을 꾹 참았다. 부끄럽고 창피했지만 은서의 말이 맞았다. 지금 자신은 힘드니까 무조건 받아만 달라고 어리광이나 부리고 있는 한심한 놈이었다.

누구를 멘토로 하면 좋을지 생각하자 자연스럽게 신 원장이 떠올랐다. 몇 번이나 생각은 했지만 자신의 멘토가 되어달라고 찾아가서 부탁할 용기가 나지 않던 사람이다. 그러나 은서의 한마디 덕분에 용기가 생겼다.

'되든 안 되든 부탁이나 해보자. 부딪쳐보는 거야!'

은서의 가게를 나서기 전에 홍 대리는 아까부터 궁금하던 것을 물어보았다.

"그런데 알 이즈 웰이 무슨 뜻이야?"

"All is well."

"올 이즈 웰이잖아."

"인도 영화라 인도식 발음으로 해야 제맛이거든. 올 이즈 웰? 오, 노~! 알 이즈 웰~!"

"그 영화 제목이 뭔데?"

"세 얼간이."

"뭐, 얼간이? 그럼 내가 바보 얼간이냐?"

항의를 하는 홍 대리는 본 척 만 척 다시 '알 이즈 웰'을 중얼거리던 은서는 가슴 한복판을 손으로 문지르면서 아예 고개까지 흔들고 있었다. 이럴 땐 꼭 영락없는 사이비 교주 같아 보였다.

아, 진짜! 친구지만, 정말 가지가지 한다.

# 믿음의 힘

 

신 원장과 약속한 날이 다가왔다. 크게 용기를 낸 보람이 있다고 홍 대리는 내심 뿌듯했다. 하지만 막상 신 원장을 기다리며 묻고 싶은 것을 다시 한 번 머릿속으로 정리하고 있으려니 걱정이 밀려왔다.

생각해보면 어디에서 그런 용기가 솟았는지 모를 일이다. 은서를 만나고 돌아온 후 신 원장의 연락처를 알기 위해 고군분투했다. 강의를 기획한 기획실 동료를 만나 개인 자료 유출이라며 곤란해하는 그를 설득해 어렵게 신 원장의 연락처를 알아냈다. 그것도 휴대폰 번호는 안 된다기에 이메일 주소만 겨우 받았다.

처음엔 무작정 뵙고 싶다는 메일을 보냈다. 답이 없었다. 다시 메일을 보내도 답이 없기는 매한가지였다. 이대로는 안 되겠다 싶어 강연을 들었던 날의 소감과 자신의 상황을 솔직하게 적어 보냈다. '30분이라도 좋으니 세일즈 후배 하나 살리는 셈 치시고 한 번만 만나달라, 정말로 배움을 받고 싶다'며 간곡한 요청을 적어 보냈던 것이다. 세 번째 메일을 보낸 후 겨우 만나자는 연락이 왔다.

"내 모습이 이상해 보이진 않겠지? 첫인사는 어떻게 하면 좋을까? 긴장해서 말 더듬으면 어떡하지?"

이럴 때를 놓치지 않고 익숙한 목소리가 들렸다.

'다짜고짜 전화해서 세일즈 멘토가 되어달라고 했으니 이상한 놈이라고 생각할 거야. 지금이라도 늦지 않았어. 이 자리를 빨리 뜨란 말이야!'

"아니, 그랬다면 애초에 만나자고도 안 했을 거야."

'바보냐? 귀찮아서 그런 거야. 누가 전화 한 통에 그렇게 쉽게 만나주냐?'

"그런 분 아니야. 약속만 하고 안 나오시진 않을 거라고. 그 분을 믿어."

믿는다고, 확신에 차서 말하자 거짓말처럼 걱정이 사라지는 것 같았다.

"그래. 신 원장님을 믿어. 알 이즈 웰. 알 이즈 웰."

홍 대리는 자신도 모르게 가슴에 손을 대며 알 이즈 웰을 중얼거리는 것을 깨닫고 어이없어 웃음이 났다. 역시 은서의 전염성은 강력했다. 침착하게 중얼거렸다.

"믿자, 믿어보자."

여유를 되찾고 나자 머릿속에서 끊임없이 속삭이던 목소리도 더 이상 들리지 않았다. 홍 대리는 순간 자리에서 벌떡 일어섰다. 강렬한 깨달음이 온몸을 관통하는 듯했다.

"그렇구나. 믿음, 믿음이 중요해!"

이것은 '네거티브 난쟁이 홍'을 사라지게 할 수 있을 만큼 중대한 깨달음이었다. 지금까지 세일즈를 하면서도 자신도, 상대도 믿지 못하고 있었다. 늘 불안하고 두려워서 실패할 것에 대비한 각오를 하고 있었다. 에너지를 온통 걱정하는 데 쏟느라 새로운 도전에 쓸 힘이 하나도 남아 있지 않았던 것이다. 홍 대리는 자세를 바로 하며 마음속으로 힘차게 속삭였다.

'자신을 믿자. 그리고 신 원장님을 믿자.'

# 그래, 해보는 거야!

신 원장은 정확히 약속 시간 5분 전에 나타났다. 깔끔하고 세련된 복장에 환한 미소를 보자 홍 대리는 마음이 한결 놓였다. 그러나 막상 인사를 하고 마주 앉자 준비했던 질문은 사라지고 어디서부터 말을 시작해야 할지 난감하기만 했다. 사실 정말로 물어보고 싶은 질문은 딱 한 가지였다. 홍 대리는 용기를 내어 물었다.

"제가 세일즈를 잘할 수 있을까요? 아니, 이 일이 저한테 맞을까요?"

신 원장은 아무 말 없이 홍 대리의 눈을 바라보았다. 가만히, 그저 가만히 홍 대리의 눈 깊은 곳을 들여다보는 듯했다. 그 몇 초의 시간이 홍 대리에게는 몇 시간처럼 느껴졌다.

"정말 묻고 싶은 말이 그건가요?"

"네? 아니 저기……."

예상치 못했던 말이었다. 당황해서 말을 못하고 있는 홍 대리를 보며 신 원장은 엄격한 표정을 지었다.

"홍 대리님께서 제게 정말 듣고 싶은 말이 뭔가요?"

"그러니까……."

"제가 만약, '그럼요. 홍 대리님이야말로 이 일을 위해 태어나신 분이에요. 잘할 수 있고 말구요'라고 말한다면 정말 잘 해낼수 있나요?"

"그건 아마……."

"아니면 '글쎄요, 홍 대리님의 노력에 달렸죠'라고 말한다면 죽도록 노력하실 건가요?"

"아……."

"그것도 아니면, '세일즈는 홍 대리님과 전혀 맞지 않아요'라고 말한다면 바로 포기하고 그만두실 건가요?"

"……."

홍 대리는 신 원장의 세 가지 질문 중 어느 것 하나에도 대답할 수가 없었다. 자신을 똑바로 바라보는 신 원장의 얼굴조차 제대로 바라볼 수 없었다.

"자신이 하는 일이에요. 잘할 수 있는지, 정말 이 일을 원하는지는 자신에게 물어야죠. 왜 다른 사람의 승인과 동의와 허락을 얻으려고 하세요? 회사 방침이든 뭐든 회사를 그만두지 않고 세일즈마케팅부로 옮긴 사실은 본인의 결정이었죠?"

홍 대리는 고개를 끄덕거렸다.

"이미 세일즈 현장에 뛰어들기로 결심하신 거잖아요."

"네."

"그럼 그냥 하세요."

그냥 하라!

이 말이 홍 대리의 가슴을 움직였다. 그렇다. 세일즈는 이미 자신이 결정한 일이 아니던가. 구구절절 긴 말이 필요 없는 사실이었다.

# 초보가 베테랑을 이기는
## 유일한 방법

홍 대리는 확신에 찬 눈빛으로 신 원장을 바라보았다.

"그래요, 바로 그 눈빛이에요."

신 원장은 아까의 엄한 목소리와는 다르게 부드러운 미소를 지었다.

"홍 대리님은 이제 막 시작하는 초보잖아요. 그러니 자신이 초보라는 사실을 인정하고 수용하세요. 하나부터 새롭게 배우기 시작하세요. 차갑고 명철한 이성으로 무장하세요. 그러나 세일즈에 대한 열정만은 가슴에 뜨겁게 품으세요."

"세일즈에 대한 열정."

갑자기 마지막 말이 가슴에 콕 와서 박히는 것 같았다. '아하', 홍 대리는 그제야 답을 찾은 기분이 들었다. 은서한테는 있고 자신에게는 없었던 것, 마음을 움직이고 주변을 감화시키는 뜨거움, 대상을 향한 한결같은 태도, 자신의 모든 것을 기꺼이 바치는 헌신과 미쳤다고 할 만큼의 노력. 이 모든 것을 다 합해 녹여 부를 수 있는 말이 있다면 그것은 바로 '열정'이리라.

"열정이야말로 누구나 다 알고 있지만 쉽게 잊어버리는 세일즈의 진실이죠. 초보가 베테랑보다 더 강할 수 있는 유일한 방법이기도 하고요."

홍 대리는 고개를 끄덕였다. 그러나 곧 궁금한 것이 생겼다.

"그런데 왜 그렇게 열정이 중요한가요?"

"세일즈 마인드의 모든 것 즉, 자신감을 갖기 위해서죠."

"하지만 어떻게 해야 열정을 키울 수 있나요? 자신감을 갖기 위해서라도 열정이 중요하다는 건 알겠는데 처음부터 열정이 막 생기는 것도 아니고……."

의문이 가득한 홍 대리의 얼굴을 보며 신 원장은 웃으면서 한마디를 덧붙였다.

"도전하고 행동하기 전에 걱정부터 하는 건 나쁜 습관이에요. 지금은 세일즈에 대한 열정이 자신감을 키워준다는 것만 기억하세요. 그럼 홍 대리님의 이야기를 들어볼까요?"

# 절실하게 원하는 한 가지

홍 대리는 신 원장에게 지금 자신이 처한 상황을 솔직하게 털어놓기 시작했다. 세일즈마케팅부에서 왕따 아닌 왕따 생활을 하고 있다는 얘기를 꺼내야 했을 땐 부끄러운 생각도 들었지만, 현재 자신의 위치를 정확하게 알리지 않고 멘토가 되어달라는 부탁을 할 수는 없다는 결단에서였다.

신 원장은 홍 대리의 이야기를 그저 귀 기울여 듣기만 했다. 중간에 말을 끊거나 질문을 하지도 않았다. 마치 이 세상에 홍 대리만 존재한다는 듯 온전히 집중하고 있었다.

신 원장의 그런 태도 때문이었는지 몰라도 홍 대리는 좀 더 쉽게 내면의 이야기까지 꺼낼 수 있었다. 어떤 방해도 받지 않고, 어떤 거짓도 더하지 않고, 솔직하게 자신의 어려움을 털어놓고 나니 그것만으로도 무겁던 마음이 한결 홀가분해졌다. 어떻게 자신의 이야기를 꺼내야 할지 전전긍긍하던 홍 대리에게 그것은 놀라운 경험이었다.

이야기를 다 듣고 난 신 원장이 드디어 홍 대리에 질문을 했다.

"그래서 저를 어떻게 설득하실 건가요?"

"네?"

뜻밖의 질문이었다. 자신은 세일즈 왕초보이니 당연히 신 원장이 시키는 대로 열심히 하겠다는 결심만 했지, 구체적으로 어떻게 해야겠다는 생각은 하지 못했다. 순간 당연히 신 원장이 자신의 멘토가 되어줄 거라고 생각하고, 어린 아이처럼 유치한 결심에 도취되었던 자신이 부끄러워졌다.

"홍 대리님이 지금 절실하게 원하는 한 가지는 뭔가요?"

신 원장이 다시 질문을 던졌다. 홍 대리는 곰곰이 생각했다.

'내가 지금 절실하게 원하는 한 가지?'

대답하지 못하는 홍 대리를 보면서 신 원장이 부드럽게 말을 이어나갔다.

"저로 하여금 홍 대리님의 이야기와 제의에 흥미를 느끼게 하셨으니 일단 첫 번째 단계는 성공했다고 생각해요. 그럼 두 번째 단계로 나아가야죠. 단지 공감을 얻는 것만으로 끝난다면 그것은 세일즈의 막판에 제품이 팔리기를 막연히 기대하는 것이나 마찬가지예요. 말하자면 단순한 '판매 제의'에 불과한 것이죠."

아, 그제야 홍 대리는 눈치를 챘다. 신 원장은 지금 자신에게 세일즈 핵심에 대한 이야기를 하고 있었다.

"저를 만나러 온 홍 대리님의 목표는 무엇이었죠?"

"제 멘토가 되어주시길 바라는 것입니다."

"그저 바라는 것뿐이었나요? 만약 제가 거절한다면요?"

"승낙해주실 때까지 몇 번이고 부탁드릴 생각이었습니다."

"그래도 끝내 제가 거절한다면요? 제가 몇 번 부탁받는다고 쉽게 승낙할 사람처럼 보이나요?"

"아, 그런 건 아니지만……."

홍 대리는 진땀이 흘렀다. 아까 자신의 모든 것을 다 수용해주던 사람과는 전혀 다른 사람처럼 느껴졌다.

# 상대를 자신의 영역으로
# 끌어들이는 두 가지 방법

신 원장은 편안하게 다가오는가 하면 강렬한 카리스마를 내뿜고, 친밀하게 느껴지는 순간 어느새 적당한 거리를 두고 있었다. 편안하게 대하면서도 묘하게 사람을 끌어당기는 마력이 느껴졌다. 처음엔 분명히 자신의 자리에 있었는데 눈치 채지 못한 순간, 어느새 홍 대리가 신 원장의 영향력 아래에 가 있는 것만 같았다.

'뭐지? 이 힘은?'

홍 대리는 신 원장의 태도와 모습에 점점 집중하기 시작했다.

'상대를 눈치 채지 못 하게 조금씩 자신의 영역 안으로 끌어들이는 것! 이것이야말로 세일즈의 핵심 중 하나인가.'

홍 대리는 잠시 자신의 생각을 정리했다.

'세일즈는 서로가 하나의 목표를 달성하는 일치점에서 완성되는구나! 지금 신 원장님과 대화하면서 내가 경험한 것에 의하면…… 아, 그렇구나!'

번개처럼 스치는 생각에 무릎이라도 치고 싶었다.

'그래, 바로 그거야! 경청과 공감!'

세일즈를 위해선 진정성 있는 의사소통이 필수였다. 그리고 의사소통은 경청과 공감, 두 가지를 바탕으로 한 듣기에서부터 시작되는 것이었다. 자신의 의사를 제대로 말하기 위해선 우선 먼저 제대로 들어야만 했다.

홍 대리는 혼자만의 생각으로 남겨두지 않고 이 생각을 신 원장에게 전달했다. 상대의 이야기에 대한 피드백 또한 중요하다는 생각이 문득 스쳤기 때문이었다. 신 원장은 홍 대리가 이야기하는 동안 아까처럼 진심을 다해 듣고 있었다.

홍 대리는 신 원장이 직접 세일즈에 대한 노하우를 말하지 않아도 마주앉아 대화를 나누는 것만으로 크게 배움이 된다는 것을 깨달았다.

"홍 대리님의 생각은 잘 알겠어요. 저도 크게 공감하고요. 세일즈는 무엇보다 고객과의 신뢰를 바탕으로 한 소통이 중요하다는 것을 일깨워주는 부분이죠. 관심을 갖고 고객의 말을 들으면 고객의 불만과 요구사항, 무엇을 바라며 민감한 문제는 무엇인지 알 수가 있어요."

"고객을 분석하는 것이 가능해진다는 뜻인가요?"

"그렇죠. 고객 개인뿐만 아니라 매출상황, 영업현황, 성장가능성까지 알 수 있죠. 신뢰를 바탕으로 고객과 소통하면서 성실하고 빠른 피드백으로 도와주면 바로 매출이라는 결과로 나타나죠. 신뢰는 대화를 통해 쌓을 수 있어요. 영업 전략을 세우고 함께 실행하는 과정도 대화를 통해 이뤄지죠."

"그런데 경청은…… 잘 들으면 되는 건가요?"

"귀로 듣고 눈으로 듣고 마음으로 들어야죠. 눈앞의 사람에게 가능한 한 내가 할 수 있는 최선을 다해 집중하는 거니까요. 세상에 나와 그 사람 둘밖에 없다는 듯이요."

"그럼 공감은요? 그냥 이해를 하라는 건지……."

"공감은 동감과는 달라요. 자라온 환경이 다르고 생각이 다른데 어떻게 똑같은 마음을 가질 수 있겠어요. 똑같아야 한다는 건 오히려 맹목이고 불평등이죠. 차이를 인정할 줄 알아야 해요. 그 사람 입장이 되어서, 그 사람이 처한 상황을 이해해보는 것이 중요해요. 고객이 불만을 말하더라도 그런 요구를 할 수밖에 없는 상황을 먼저 수용해보는 거죠."

"그 사람이 되어서 먼저 느끼고 생각한 후에 피드백을 주란 뜻인가요?"

"경청과 공감을 통해 제대로 들으면 피드백의 내용도 달라질 수밖에 없어요. 고객이 지금 필요로 하는 것이 업무에 대한 피드백인지 아이디어나 영업현장 등 세일즈에 대한 피드백인지 구분할 수도 있고요. 힘을 주는 긍정적인 말도 물론 크게 도움이 되지만 정말 운영이 힘들어서 힘들다고 하는 사람한테 힘내세요, 라는 추상적인 말만 반복해서 한다면 도움이 되기는커녕 짜증을 불러올 수도 있거든요. 힘을 주는 말이더라도 되도록이면 구체적인 피드백이 좋아요. 칭찬도 마찬가지죠."

"예를 들면요?"

"홍 대리님, 오늘 넥타이 굉장히 잘 어울리네요. 색깔이 멋져요. 칼라에 대한 센스가 남다르시네요. 보는 제가 다 마음이 환해져요."

신 원장의 말이 끝나기도 전에 홍 대리는 자신이 웃고 있는 걸 깨달았다.

"아……."

"그냥 '오늘 좋아 보이네요'라는 말보다 훨씬 기분이 좋죠?"

"네. 자신감도 생기고요. 앞으로도 이 넥타이를 자주 맬 것 같아요."

홍 대리는 그동안 자신이 해왔던 대화를 떠올렸다. '힘내세요', '잘 될 거예요', '나아지겠죠'…… 자신은 긍정적이고 좋은 말이라고 생각해서 한 말이었지만 정확히 분석해보면 어떤 피드백을 줘야 할지 잘 몰라서 습관적으로 쓴 경우도 많았다.

"소통이 제대로 되는 대화를 할 줄 아는 건 세일즈맨의 일급 무기와 같네요."

"물론 잘 듣기 위해 경청과 공감은 필수죠. 하지만 의사소통, 신뢰, 경청과 공감을 단지 세일즈의 스킬로만 이해하시면 곤란해요."

"그럼……."

"이건 테크닉의 문제가 아니라 태도의 문제랍니다."

"……."

"진실성 없는 마음은 금방 바닥이 드러나고 말죠. 말을 좀 못해도, 귀가 좀 덜 뚫려도, 이해가 좀 안 되더라도, 한 사람 한 사람의 고객을 수단이 아닌 목적으로 대하며 진실하고 성실하게 관계를 맺는 것이 더 중요해요."

홍 대리는 '좋은 방법'을 알았다고 좋아했던 자신이 부끄러워졌다. 세일즈가 얄팍한 기술 몇 가지로 가능하다고 믿었던 것 자체가 잘못된 생각이었디

# 상대의 마음을 여는 세일즈

"그런데 아직 아까 질문에 대한 대답을 듣지 못했는데요."

"아! 그건……."

신 원장과의 이야기에 빠져 있던 홍 대리는 신 원장이 아까 한 질문이 무엇인지 완전히 잊고 있었다는 것을 깨달았다.

'이래서야 원, 쯧.'

홍 대리는 속으로 혀를 찼다. 어떤 순간에도 목표를 잊지 말 것. 자신이 여기에 왜 온 것인지를 다시 상기할 필요가 있었다. 단순히 팬이 연예인을 보듯 신 원장을 만나 대화라도 몇 마디 해 보기 위해 온 것이 아니었다.

"제 멘토가 되어달라고 설득하기 위해서입니다."

"왜요? 왜 저라는 멘토가 홍 대리님께 필요하죠? 저를 멘토 삼

80

는 것이 홍 대리님의 진짜 목표인가요?"

자신의 진짜 목표! 왜 신미라 원장이라는 멘토가 절실했던 것인가? 홍 대리는 갑자기 가슴이 뜨거워지는 것을 느꼈다. 자신도 모르게 말이 튀어나왔다.

"세일즈를 정말 잘하고 싶습니다!"

말을 꺼내고 나자 머릿속이 안개가 걷힌 듯 맑아졌다. 여전히 자신의 마음엔 두려움이 남아 있었다. 툭 하면 '네거티브 난쟁이 홍'에게 지배당하는 것도 사실이었다. 당장 이번 분기 목표를 채울 수 있을지 자신감 또한 없었다.

'그럼에도 불구하고.'

홍 대리는 마음속으로 다시 한 번 강하게 외쳤다.

'그럼에도 불구하고!'

도전해보고 싶었다. 자신의 능력을 마음껏 발휘하고 싶었다. 홍 대리는 고개를 들고 의지를 담아 확고하게 말했다.

"세일즈를 무엇부터 어떻게 시작해야 할지 원장님께 구체적이고 체계적인 도움을 받고 싶습니다."

"좋아요. 단 조건이 있어요."

"조건이라면……?"

"제가 시키는 대로 하는 것이 아니라 홍 대리님이 먼저 적극적으로 생각하고 행동한다는 것을 전제로 하는 것이죠. 물론 시기 적절한 때에 중요한 미션을 드릴 거예요. 하지만 제게 의존하는

마음으로 찾아온 거라면 분명히 거절하고 싶습니다."

"그 점이라면 약속드릴 수 있습니다. 제 힘으로 먼저 행동한다는 것을요."

홍 대리의 확신에 찬 대답을 듣고서야 신 원장은 고개를 끄덕였다.

"홍 대리님의 열정에는 저도 마음이 움직이네요. 저를 홍 대리님의 영역으로 끌어당기는 데 성공하신 것 축하드려요. 뿐만 아니라 홍 대리님의 제의를 받아들이게 한 것도요."

"그럼 제가 오늘 목표를 이룬 건가요?"

홍 대리의 말에 신 원장이 기분 좋게 웃었다.

"실행 목표는 이루신 셈이네요. 매 순간 실행 목표를 달성해가면 결국 매출 목표도 이루게 되요. 홍 대리님의 올해 매출 목표, 즉 자신의 연봉 목표는 얼마인가요?"

"일, 일억……요."

풋내 나는 왕초보의 목표라고 하기엔 지나치게 꿈같은 소리가 아닐까 생각하며 홍 대리는 작은 소리로 말했다.

"좋아요. 함께 노력해보죠."

"네? 연봉 1억에요? 정말 가능할까요?"

"설마 도전하기도 전에 포기부터 하실 건가요?"

"아, 아, 아니요! 아닙니다! 해보겠습니다!"

"가능한 일을 불가능하게 막는 건 세상에 딱 한 가지밖에 없어요. 자신 안의 두려움이죠."

홍 대리는 크게 고개를 끄덕였다. '네거티브 난쟁이 홍'과 엎치락뒤치락하고 있었기에 누구보다 그것이 무슨 의미인지 잘 알고 있었다.

"세일즈는 일방적으로 자신이 옳다고 주장하는 것이 아니라 상대로 하여금 긍정적인 결정을 내려 기꺼이 행동하게 만드는 것이에요. 다시 말하면 억지로 파는 게 아니라 스스로 사게 하는 것이죠. 그러니 어떤 순간에도 상대의 마음을 열어 자신의 목표를 이뤄야 한다는 것을 잊지 마세요."

신 원장이 홍 대리에게 악수를 청했다. 홍 대리는 감격에 겨워 신 원장의 손을 두 손으로 마주 잡았다. 힘을 준 두 손에서 용기를 주고 싶어하는 신 원장의 마음이 고스란히 느껴졌다. 천군만마를 얻은 듯 마음이 든든했다.

# 먼저 자신을 세일즈하라

집으로 돌아오는 길에 오늘 나눈 대화를 곰곰이 곱씹던 홍 대리는 신 원장의 강연을 처음 들었던 날이 기억났다. 사람은 누구나 자신을 세일즈하면서 살아간다고 했던가.

"그렇지! 왜 내가 그걸 잊고 있었을까!"

세일즈의 열정은 자신에게서 비롯되는 것이지 타인에게 얻는 것이 아니었다. 물론 열정은 전염되기도 하지만 자신의 내면에서 불꽃이 타오르지 않는 한 오래 가지 못하고 모방하는 것에 그칠 게 빤한 일 아니던가.

홍 대리는 문득 걸음을 멈췄다. 어디선가 고양이 울음소리가 들렸다. 소리를 따라 조심스럽게 가보니 집 근처 공원 벤치에 상자에 담긴 새끼 고양이가 가냘픈 소리로 울고 있었다. 태어난 지

얼마 되지 않아 보이는 이 어린 것을 버린 주인에게도 나름의 사정이 있겠지만 마음이 좋지는 않았다. 하지만 길가에 함부로 갖다버리는 사람들에 비하면 동정심이 많은 사람인 듯 상자에는 담요까지 깔려 있었다.

홍 대리는 벤치에 앉아 상자를 무릎에 올려놓았다. 새끼 고양이가 울음을 멈추고 물끄러미 홍 대리를 바라보았다. 작고 귀여운 모습에 홍 대리는 그만 소리 내어 웃고 말았다.

"뭐냐, 지금 너도 자신을 세일즈하고 있는 거냐?"

홍 대리는 새끼 고양이를 데려가려고 손을 뻗다가 멈칫거렸다. 어머니의 혀를 쯧, 차는 소리가 들린 것만 같았다. 한 번만 더 길가에 버려진 동물들을 데려오면 그땐 네가 집을 나가라는 어머니의 단호한 명령을 받은 지가 벌써 몇 번째였던가. 이러다간 정말로 쫓겨날지도 몰랐다. 뻗었던 손을 거두고 눈을 질끈 감았다.

그 때였다. 애처롭게 '야옹야옹' 하는 소리가 들렸다. 눈을 떴을 때는 자신도 모르게 이미 새끼 고양이를 조심스럽게 품에 안고 있었다. 새끼 고양이는 아까보다 더 초롱초롱하고 심지어 촉촉하기까지 한 눈으로 홍 대리를 바라보더니 홍 대리의 품안으로 파고들었다.

'휴우-.'

홍 대리는 담요를 꺼내 조심스럽게 새끼 고양이를 감쌌다. 둘이 눈이 맞았으니 어쩔 수 없는 일인 것이다. 새끼 고양이는 연신 몸을 움직이며 작게 가르랑거렸다. 마치 홍 대리가 자신을 버리지 못하리라는 것을 알고 있다는 듯.

"그래, 이놈아. 알았다, 알았어."

신 원장의 말대로라면 이 새끼 고양이는 자신을 세일즈하는 데 성공한 것이리라. 이 작은 생명체도 살아보고자 온 힘을 다해 자신의 존재를 드러내고 있지 않은가. 새끼 고양이를 다시 감싸 안으며 홍 대리는 중얼거렸다.

"Just do it! All is well."

홍 대리는 속삭이듯 말하며 고물고물 꿈틀거리는 새끼 고양이를 좀 더 깊이 껴안았다. 가슴에서부터 온몸으로 따뜻하고 벅찬 기운이 퍼져나가기 시작했다. 새로운 내일이 다가오고 있었다.

2부

# 목표를 가지고
# 현장에 나가라

**생각 없이 나가면 아무리 뛰어도 제자리걸음**

# 호감을 주는 이미지

"안녕하세요? 좋은 아침입니다."

새로운 한 주가 시작되는 월요일 아침, 홍 대리는 거울 속의 자신을 바라보며 자신감 가득한 미소를 지어보았다. 예전 같았으면 이불 속에서 태평하게 코까지 골며 자고 있을 시간이지만 오늘은 평소보다 두 시간이나 일찍 일어나서 출근 준비를 했다.

"오늘도 좋은 아침입니다!"

아까보다 더 크게 미소를 지었다. 홍 대리는 신 원장을 만난 후 이미지 관리를 위해 그 동안 공부한 것들을 떠올렸다.

첫째, 열정과 긍정의 마인드 이미지.

둘째, 호감을 주는 패션 이미지.

셋째, 자신감 넘치는 표정 이미지.

넷째, 밝고 경쾌한 언어 이미지.

다섯째, 씩씩하고 당당한 행동 이미지.

"우리 뇌는 만나자마자 몇 초 안에 이 사람이 '좋다, 싫다'를 결정한다고 했지. 그래! 첫인상이 중요한 거야."

홍 대리는 중요한 부분을 기억하면서 다시 한 번 더 거울 속의 자신을 향해 인사를 했다.

"좋았어! 오~예! 미소 미남 홍진범!"

네 가지 이미지는 수십 번씩 인사 연습을 하면서 자신감을 갖고 나름대로 해결할 수 있었는데 가장 신경이 쓰이는 부분은 패션 이미지였다. 기획실로 출근할 땐 옷차림에 크게 신경 쓰지 않았지만 현장에 나가 사람들을 만나는 날이 많아진 만큼 첫 만남에서부터 호감을 주는 것이 좋을 것 같았다.

사실 패션에 대해 새롭게 인식하게 된 것은 은서의 역할이 컸다. 은서는 평소 한 벌로 된 슈트에 하얀 와이셔츠만 고집하는 홍 대리를 보면서 늘 혀를 끌끌 찼다. 특히 옷차림과 어울리지 않는 검은 구두에 대해서는 인정사정이 없었다.

"단무지, 누구를 위해 신발을 울리냐?"

"무슨 뜬금없는 소리야."

"그 영화 몰라? 누구를 위해 종은 울리나."

"그거랑 내 신발이랑 무슨 상관인데?"

"넌 신발을 신는 게 아니야. 다만 슬프게 울릴 뿐이다. 신발 우는 소리가 정녕 들리지 않냐?"

그 '울리나'와 이 '울리나'는 뜻이 다르다는 것을 알려주고 싶
었지만 홍 대리는 다시 한 번 은서의 병을 상기하며 그냥 피식
웃고 말았다. 그리곤 평소 자신의 지론을 펼쳤다.

"신발이야 있는 거 신으면 되지."

"쯧쯧, 무식한 놈. 모름지기 패션은 신발에서 완성되는 것이거
늘."

"패션이 다 뭐냐. 현장에서 일하는 세일즈맨에게 중요한 건 그
런 껍데기보다 열정, 신념, 용기 같은 내면이라고."

'풋!' 은서는 짧게 웃더니 더 할 나위 없이 시크하게 대답했다.

"너한테 무슨 내면이? 껍데기부터 꾸며."

# 자신만의 캐치프레이즈

홍 대리는 자신의 옷장을 활짝 열고 있는 옷을 모두 살펴보았다. 그러나 곧 좌절할 수밖에 없었다.

"입을 만한 옷이 없어."

"저건 다 포대 자루냐? 아침부터 웬 옷 타령이야?"

홍 대리가 얼마 전 데려온 새끼 고양이를 안은 어머니가 문을 열고 서 있었다. 처음엔 네가 알아서 키우라고 하시던 어머니였지만 곧 이 녀석의 애교에 넘어가서는 '수리'라는 이름을 붙여주고 "수리수리마하수리" 하며 노래까지 부르며 예뻐했다.

"세일즈마케팅부로 이동했다고 말씀드렸잖아요. 첫인상이 중요하다고요, 첫인상이."

"너한테 무슨 인상이? 넥타이로 튀어."

홍 대리는 고개를 갸웃거렸다. 어디서 많이 들어본 말투라는 생각이 들었다.

"넥타이요?"

"평범한 옷이라도 하나만 포인트를 주면 인상이 확 달라 보이는 법이다."

과연, '마포 멋쟁이 장 여사'였다. 홍 대리에게는 세계 7대 불가사의를 뛰어넘는 마포 2대 불가사의한 인간이 있었는데 그중 한 명이 은서였고 또 다른 한 명은 바로 어머니였다. 신기하게도 어머니가 입는 옷이나 신는 신발은 동네 아줌마들 사이에서 유행이 될 때가 많았다. 홍 대리 눈에는 평범하게 보이는데도 말이다.

어머니는 옷장을 훑어보더니 구석에 처박혀 있던 노란 도트무늬의 파란색 넥타이를 꺼냈다.

"어라? 나한테 이런 게 다 있었나?"

"고양이 주워올 줄만 알았지 넥타이 하나 찾을 줄을 몰라. 수리야, 형이랑 놀지 마라. 바보도 옮는단다."

홍 대리에게 가려고 버둥거리는 수리의 목덜미를 움켜잡으며 어머니는 혀를 찼다. 넥타이를 맨 후 홍 대리는 거울을 보았다. 놀라운 일이었다. 단지 넥타이 하나 바꾸었을 뿐인데 거울 속의 자신은 활기에 넘치면서도 호감이 가는 인상을 풍기고 있었다.

"홍 대리! 역시 아직 안 죽었구나! 하하하하하."

밝은 표정과 경쾌한 목소리로 웃고 나자 긍정적인 기운이 뱃

속 깊은 곳에서부터 솟아나는 것 같았다. 홍 대리는 회심의 미소를 지었다. 오늘은 자신이 세운 목표를 향한 첫 걸음을 본격적으로 떼는 날이었다.

"오늘은 무슨 일이 있어도 팀장님과 좋은 관계를 맺기 위한 물꼬를 트는 거다!"

이번 분기목표 달성을 하기 위해서는 송 팀장의 협력이 절실하게 필요했다. 지금처럼 지내다간 목표 달성은커녕 악몽 같은 패배감만 안게 될지도 몰랐다. 생각만으로도 몸이 부르르 떨렸다. 절대 그런 일만은 일어나서는 안 됐다.

"이대로 그만두는 것은 사나이의 자존심이 허락하지 않는다. 칼을 뽑았으면 호박이라도 잘라야지."

홍 대리는 마음을 다졌다. 적은 송 팀장이 아니었다. 세일즈 선배들도 아니었다. 매 순간 호시탐탐 자신의 기를 꺾으려고 드는 '네거티브 난쟁이 홍'이야말로 자신의 가장 큰 적이었다. 홍 대리는 고심 끝에 자신만의 세일즈 캐치프레이즈를 만들었다.

"뜨거운 홍! 불타는 홍! 홍초보다 매운 홍! 가자, 가자, 가자!"

# 행동을 지배하는 포지티브 자이언트

이른 아침 도착한 사무실은 텅 비어 있었다. 홍 대리가 누구보다 먼저 출근한 것은 세일즈마케팅부로 옮긴 이후 처음 있는 일이었다. 홍 대리는 송 팀장이 출근하기 전에 다시 한 번 미소를 지으며 인사하는 연습을 힘차게 했다.

"안녕하십니까? 좋은 아침입니다!"

'그래! 할 수 있어! 홍 대리, 넌 최고야! 넌 멋져! 넌 강해!'

자신감을 갖고 행동을 하자 지금까지와는 다른 목소리가 들렸다. 새로운 자신이 일깨워진 것 같았다. 두려움에 찌그러져 있을 땐 영락없이 '네거티브 난쟁이 홍'이 요동을 쳤는데 지금은 고요하면서도 힘 있게 자신을 지지하고 격려하는 거인 같은 존재, '포지티브 자이언트 홍'이었다.

"아! 내 안에 이런 나도 있었구나!"

홍 대리는 두 주먹을 불끈 쥐었다. 두려울 것이 아무 것도 없었다. 문이 열리고 송 팀장이 들어왔다. 망설일 틈도 없이 밝고 즐거운 목소리가 터져 나왔다.

"팀장님, 안녕하세요? 좋은 아침입니다."

송 팀장이 흠칫 놀라는 표정을 지었다. 그도 그럴 것이 홍 대리가 이렇게 일찍 출근한 적은 물론 이렇게 밝은 얼굴로 인사한 적도 없었던 것이다.

"어어, 좋은 아침."

송 팀장은 얼떨결에 따라서 인사를 했지만 뭔가에 홀린 기분이었다. 도대체 무슨 영문인지 알 수가 없어 자리에 앉아 홍 대리를 흘깃 보았다.

'아니, 이게 무슨 일이야!'

송 팀장은 하마터면 앉아 있던 자리에서 굴러떨어질 뻔했다. 자신만 보면 고개를 돌리며 못마땅한 표정을 짓던 홍 대리가 만면에 상큼한 미소를 가득 띤 채 자신을 보고 있는 것이 아닌가! 게다가 사근사근한 말투로 다시 말을 걸어오다니!

"팀장님, 주말 잘 보내셨어요?"

"아, 뭐 그럭저럭…… 홍 대리는?"

"저도요. 참 오늘 회의 안건 정리해봤는데 잠깐 봐주시겠어요?"

오늘 해가 서쪽에서 뜬 것도 아니건만 이 무슨 귀신이 곡할 노릇이란 말인가. 송 팀장이 지금 보고 있는 저 남자는 분명 지금까지 지겹게 보던 홍 대리인데 꼭 그 홍 대리가 아닌 것만 같았다.

'설마 내가 지금 도플갱어를 보고 있나.'

송 팀장은 겉으로 태연하게 홍 대리가 올린 안건을 보고 있었지만 속은 놀란 참새가슴처럼 뛰고 있었다. 그 모습을 지켜보는 홍 대리는 아침 인사가 자신과 송 팀장의 거리를 조금이나마 좁힌 것 같아 내심 흐뭇했다.

송 팀장은 회의 시간 내내 홍 대리를 흘깃흘깃 바라보았다. 주말에 어느 산에 가서 산삼이라도 발견해 캐먹었는지 밝고 유쾌한 분위기로 시종일관 힘이 넘쳐나는 것이 아무래도 이상했다.

'저 애물단지가 며칠 사이에 인간이 됐나?'

송 팀장에게 홍 대리는 순식간에 자신의 평정심을 갈아엎는 화의 근원 같은 존재였다. 기획부에서 왔다고 어깨에 힘만 주고 현장에서 뛰는 것을 하찮게 여기는 태도가 영 마음에 들지 않았다. 얼마 전에는 큰 사고까지 치지 않았던가. 그 일을 수습하는 과정에서 미운 털 정도가 아니라 분노의 가시가 단단히 박혔다.

게다가 최근 자신이 응원하고 있는 프로야구팀의 성적이 최하위 중에서도 바닥을 벗어나지 못해 스트레스가 쌓일 때로 쌓여 있었다. 송 팀장은 야구라면 자다가도 벌떡 일어날 정도로 좋아했다. 하루 종일 밥은 안 먹고도 견딜 수 있을 것 같았지만 야구를 보지 않고서는 살 수가 없었다. 안팎으로 이런 상황이었으니 송 팀장 마음이 편할 날이 없었다.

그러나 오늘은 평소와는 다른 눈으로 홍 대리를 보게 되었다. 표정과 말투만 봐도 마음가짐이 바뀐 것을 확실히 알 수 있었다. 세일즈 현장에서 수없이 많은 사람들을 만나며 산전 수전 공중전까지 겪은 송 팀장이었다.

사실 홍 대리를 볼 때마다 구박을 하긴 했어도 홍진범이라는 인간이 미워서는 아니었다. 오히려 능력을 제대로 발휘하지 않고 책상머리에서 일을 해결하려고 하는 태도가 불편했던 것이다.

'어쨌든 본인은 물론 팀을 위해서도 좋은 조짐이군. 우선 이번 분기 목표를 어떻게 달성하는지 그것부터 지켜보도록 하자.'

홍 대리는 자신의 작은 도전이 생각보다 더 크게 성공했다는 것을 눈치챘다. 자신을 보는 팀장의 미간에 늘 붙박이처럼 나 있던 주름 세 줄이 오늘은 다리미로 다린 듯 매끈했던 것이다.

게다가 먼저 인사를 하니 조금은 행복하기까지 했다. 소 닭 보듯했던 선배 1호, 2호, 3호도 멋쩍은 표정이었지만 웃으며 인사를 받아주었다. 평범한 아침 인사가 이렇게까지 즐거운 일인지 직접 해보기 전에는 몰랐던 일이다. 그것을 알게 된 것만으로도 홍 대리에게는 충분히 가치 있는 일이었다.

'긍정적인 마인드로 행동하는 힘은 대단하구나. 좋았어! 회의가 끝나는 대로 팀장님께 진격이다!'

홍 대리는 결의를 다지며 회의를 이끌어가는 송 팀장에게 주의를 집중했다. '포지티브 자이언트 홍'의 기운으로 충만한 홍 대리였다.

# 관심과 집중으로 몸에 익히는 세일즈 학습

"오늘 회의 안건은 두 가지입니다. 이번 2분기 목표 달성 계획표와 유니버스백화점 입점을 위한 제안서를 제출해달라는 것입니다."

송 팀장의 말에 모두 술렁거렸다. 유니버스백화점이라고 하면 국내 최고의 명품 백화점이다. 아웃도어 시장에서도 유니버스백화점에 입점한다는 것은 상징적이어서 코너 하나를 놓고 경쟁이 치열했지만 국내 업체 중 아직 성공한 곳은 없었다. 그렇기에 라이벌 회사격인 'JK'와 물밑 신경전이 대단했다. 매출보다는 아웃도어의 승자를 놓고 겨루는 자존심이 걸린 문제였다.

송 팀장은 유니버스백화점 건으로 제법 긴 회의를 했다. 홍 대리는 오감을 다 동원해 송 팀장에게 관심을 쏟아 말 하나하나를 새겨들었다. 관심을 갖고 송 팀장에게 최대한 집중하면 그 사람이 어떤 사람일지 어느 정도는 파악할 수 있을 것 같았다.

신 원장을 만난 후 홍 대리는 세일즈 성공의 문을 여는 열쇠는 사람 안에 있다고 확신했다. 세일즈는 사람과 사람이 만나서 맺는 '관계'에서 출발하는 것이기 때문이다. 마음속으로 신 원장에게 배운 것을 다시 확인해보았다.

'세일즈에서 고객을 상대할 때 기본은 경청과 공감. 그러기 위해선 상대에게 최대한 관심을 갖고 집중할 것. 머리로는 알고 있지만 알고 있다고 해서 저절로 그 습관이 생기는 것은 아니지. 세일즈는 학습이라는 걸 잊지 말자.'

학습은 배우고 익히는 것이었다. 단지 배우기만 하고 몸에 익히지 않으면 소용이 없었다. 그리고 확실하게 습관으로 몸에 익히기까지는 수없이 많은 연습이 필요할 터였다. 상대의 마음을 열 정도로 듣는 귀를 가지려면 지금 눈앞에 있는 사람에게 집중하는 것이 가장 좋은 연습이라는 생각이 들었다.

'팀장님은 흥분하면 저런 손동작을 하시는구나. 아, 라이벌 회사 이야기를 하다가 말았네. 슬쩍 다른 이야기로 넘기시는 걸 보니 저건 아직은 공개해서는 안 될 정보인가 보다. 오늘 빨간 넥타이, 무슨 결전의 날인가?'

송 팀장은 중요한 계약이 있을 때면 항상 빨간 넥타이를 맸다. 홍 대리도 송 팀장이 빨간 넥타이를 매고 오면 팀원 전체가 응원하고 격려하는 것을 몇 번 본 적이 있었다. 생각보다 대외효과가 굉장했다. 송 팀장의 카리스마에 덧붙여진 빨간 넥타이는 마치 먼저 이겨 놓고 게임하는 사람 같은 이미지마저 주었다.

온몸으로 누군가의 이야기를 듣는다는 것은 피상적으로 그 사람에 대해 생각하던 것과는 전혀 다른 경험이었다. 집중해서 이야기를 듣다 보니 관심을 기울이는 것만으로도 그 사람에 대해 이해하게 되고 더 많은 것을 알게 된다는 것도 깨달았다. 몰입해서 경청하는 것만으로도 많은 정보를 알 수 있었다. '지피기지 백전백승. 적을 알고 나를 알면 백 번 싸워 백 번 이긴다고 했지. 하지만 송 팀장님은 더 이상 적이 아니지. 내게 가장 중요한 협력자니까 누구보다 소중한 분이지.'

송 팀장이 자신에게 소중한 사람이라는 생각에 미치자 홍 대리는 정신이 번쩍 들었다. 직소퍼즐에서 빠뜨리고 있던 중요한 피스를 찾은 기분이었다. 멍한 머리 위로 신 원장의 목소리가 들리는 것 같았다.

"세일즈에서 가장 덜 중요한 것은 자기 자신이에요."

처음 신 원장에게 들었을 때는 이해하지 못했지만 이제는 알 것도 같았다. 그것은 자신을 무조건 낮추거나 자존심 따위는 내려놓으라는 의미가 아니었다. 세일즈의 주도권을 상대에게 넘겨주라는 말도 아니었다. 무엇에 주의를 기울이며 초점을 맞출 것인가의 문제였다.

'팀장님의 사고구조, 의사결정방식, 성향은…….'

홍 대리는 계속해서 송 팀장에게 집중하며 그의 입장에서 회의를 이해하려고 노력했다. 그러자 조금씩 송 팀장에 대한 그림이 그려지기 시작했다. 송 팀장은 세일즈를 사랑하는 사람이었다. 분별 있고 열정적인 사람이었다. 곡선보다 직선이었고 스트레이트로 도전하며 살아온 사람이었다. 자신이 하는 일에 대해 엄청난 자긍심을 지니고 있었다.

'그래. 팀장님은 내게 베테랑급의 결과를 당장 원하는 것이 아니야. 그러니 초보에 불과한 내가 할 수 있는 정도의 범위가 어디까지인지도 분명 알고 있으시겠지.'

긴 회의가 끝났다. 이제 송 팀장과 대화를 시도해볼 차례였다. 예상하지 못했던 아침 인사 덕분에 송 팀장의 마음이 조금이나마 열렸다는 확신이 들었다. 지금이 바로 기회였다.

홍 대리는 회의실을 나오는 송 팀장에게 다가가 자신의 2분기 계획을 보여주고, 자신이 뭘 더 해야 좋을지 조언을 구했다. 1분기에는 자신의 매출 목표를 달성하지 못했지만 처음이라 그렇다고 핑계를 댈 수 있었다. 하지만 2분기에는 무슨 일이 있어도 매출 목표를 달성해야 했다. 하지만 홍 대리로선 3개월을 좌충우돌해도 여전히 무엇을 해야 할지 감이 잡히지 않았다. 홍 대리는 무작정 뭘 해야 하느냐고 묻기보다, 일단 자기 나름의 계획을 세워 조언을 구하고자 했던 것이다.

송 팀장은 불과 며칠 전까지만 해도 자신을 피하려고만 하던 홍 대리가 아침 인사에, 업무 조언까지 구하니 얼떨떨했지만 보기에 나쁘진 않았다. 홍 대리가 내민 계획안을 살펴본 송 팀장이 홍 대리에게 말했다.

"목표는 없고 계획만 많군. 홍 대리, 2분기 목표가 뭐지?"

"아, 그러니까……. 스무 개 지점 합해서……."

홍 대리의 말이 끝나기도 전에 송 팀장이 말했다.

"목표가 바로 나와야지. 2분기 목표부터 다시 생각해보도록! 내일까지!"

송 팀장은 말을 끝내자마자 바삐 걸어갔다. 여전히 날카롭긴 했지만 오늘은 소리를 지르지 않았다. 홍 대리는 그것만으로도 절반은 성공이라 생각했다.

홍 대리는 송 팀장과 자신의 심리적 거리를 확인했다. 확고한 신뢰관계가 구축되기 전에 갑자기 너무 가까이 다가가거나 친한 척하면 오히려 불신을 줄 위험이 있었다. 홍 대리는 조심스럽지만 확실하게 한 걸음씩 다가가기로 마음먹었다.

'그나저나, 목표라…….'

# 첫 번째 미션, 목표 설정

    좌충우돌하며 지옥에서 살아 돌아온 듯한 시간을 보내고 다시 새롭게 결의를 다지는 동안 어느새 세일즈마케팅부에 온 지 석 달이 훌쩍 지났다. 퇴근 후 집에 돌아와 메일함을 여니 신 원장으로부터 이메일이 와 있었다.

    그 동안 있었던 일을 신 원장에게 이메일로 보내고 오매불망 소식이 오기만 기다렸는데 드디어 연락이 온 것이다. 첫 번째 미션이었다. 가뭄 끝에 단비를 만난 기분이었다.

> 홍 대리님,
> 지난 한 달은 어떻게 보내셨나요? 시행착오의 연속이었나요? 제가

일부러 한 달이 지난 후에 메일을 보내는 것도 그 과정에서 크게 배운 점이 많을 거라 믿기 때문이에요. 지난 한 달의 경험은 가슴 깊이 새기되 그것에 사로잡혀 앞으로 나가길 두려워진 마세요. 다시 시작하면 되니까요.

제가 오늘 드릴 첫 번째 미션은 목표 설정입니다. 세일즈맨의 가장 중요한 능력 중 하나는 목표를 달성하는 능력이지요. 그 전에 먼저 자신이 달성할 목표에 대한 정확한 그림을 그려보세요.

희망연봉, 연매출 목표, 분기목표, 월별목표를 설정하고 그걸 다시 주간으로 세분화해 보세요.

그리고 그 목표를 달성하기 위해 매일 무엇을 어떻게 언제 할지 스케줄을 꼼꼼하게 짜보세요. 목표를 설정하고, 그것을 이루기 위한 시간을 확보하는 것! 이것이 스스로 자신을 경영하기 위한 첫걸음이랍니다.

자신의 가능성을 믿으세요! 건투를 빕니다!

"목표 설정!"

홍 대리는 소리 내어 큰 소리로 말했다. 홍 대리는 각오를 다지며 수첩을 꺼내 크고 굵은 글씨로 적었다.

1. 세일즈맨으로서 현재 나의 목표는 무엇인가?
2. 현재의 목표를 달성하기 위해 무엇을 실천해야 하는가?

다음 장으로 넘겨 〈현재 나의 목표〉라고 쓴 후 빨갛고 커다란
글씨로 〈2분기 목표 100% 달성!〉이라고 선명하게 적었다. 지난
3개월 동안은 자신의 어리석음과 미숙함 때문에 팀의 목표 달성
에까지 타격을 주었지만, 이번 달은 2분기가 시작되는 달이니만
큼 분발해서 반드시 목표를 달성해내고 싶었다. 홍 대리는 먼저
자신의 연봉 목표와 연매출 목표를 적어보았다.

- 연봉 목표 1억
  기본연봉 3,500만 원+성과금 7,000만 원(200%)

- 연매출 목표 160억
  지난해 80억 매출 대비 200% 성장을 목표로 함. 성과금
  200%를 받기 위한 목표

　　"지난 해 매출이 80억이었으니까 대리점마다 연매출 20%씩
성장시키면 100억 달성은 가능하지. 하지만 불황에 JK와의 경쟁
도 치열하고 담당까지 바뀐 상황이란 말이야. 그렇다면 기존 대
리점이 20% 매출 성장하는 것만 기대하고 있을 수는 없지. 그
렇다면 신규 지점도 개척해야 해. 적어도 신규 지점을 현재 관리
하고 있는 지점의 50%인 10개 정도는 개척하고, 기존 지점에서

30% 이상의 성장 매출을 끌어내야 한다고. 그래야 반드시 200%를 달성할 수 있어."

홍 대리는 계속해서 2분기 매출 목표를 적었다.

- 2분기 목표
**매출 40억, 신규 지점 개척 3개**

- 월별 목표
  **4월 목표: 15억(신제품 출시)**
  **5월 목표: 10억**
  **6월 목표: 15억(신규 지점 개척)**

- 주간 목표
  **4억 매출 달성**

"올해 안에 200% 매출 성장을 달성하려면 신규 개척이 꼭 필요하겠어. 하지만 지금은 기존 거래처를 확고하게 다지고 최대한 매출을 끌어올리는 데 주력하자. 우선 20개 지점을 위해 할 일을 정하고, 신규 개척은 한 달에 한 개 지점을 발굴해 계약한다는 목표를 세워야지. 그러려면 일주일에 가망 고객을 3~5명 발굴해서 한 명은 반드시 상담을 해야겠는데. 한 달에 하나씩, 각 분기마다 신규 매장 3~4개를 목표로!"

　기존 지점 20개에 신규 지점 10개를 목표로 세우자 연봉 1억이 현실감 있게 다가왔다. 선명하게 숫자로 표현하자 더욱 목표가 확실해지는 느낌이었다. 이걸로 막연한 목표를 세우고 단순히 열심히 하면 된다는 태도는 자신에게 도움이 되지 않는다는 것을 깨달았다. 역시 목표는 확실할수록 좋았다.

　물론 세일즈 초보에게 신규 지점 10개 계약은 큰 목표지만, 막연하게 매출 얼마, 연봉 얼마를 달성하기 위해 열심히 뛰자고 생각하던 때보다는 훨씬 구체적으로 실행 계획이 나왔다. 이제야 큰 그림이 자신의 머릿속에 그려지는 것 같았다. 매출 목표를 연간과 분기와 월별로 나누고 그것을 기준으로 주간 실행 계획을 세우되, 중심은 월간 활동에 두었다. 새로운 희망이 보이는 것 같았다.

　"1억이 꿈이 아닐 수 있구나! 1억은 지금 내 연봉의 3배니까 당연히 노력도 3배는 해야지. 아니 그 이상을 해야지! 내 연봉은 고객이 준다는 사실을 잊지 말자."

# 두 번째 미션,
## 세일즈 플래너와 고객 파일

　홍 대리는 매일 매일 새로운 각오로 하루를 보냈다. 지점을 방문할 때도 지점장들에게 의례적인 인사를 하기보다 구체적인 대화를 나누고 어떻게 하면 자신이 도움이 될 수 있을지를 고민했다. 소소한 것이라도 의문이 생기면 선배들이나 송 팀장에게 물었다.

　이상한 일이었다. 자주 물어보면 귀찮아할 거라고 조심스러워했는데, 오히려 선배들도, 송 팀장도 은근히 좋아하는 것 같았다. 홍 대리가 겸허한 자세로 배움의 태도를 갖자 호의적인 태도로 바뀌기 시작했다. '선배 1호, 2호, 3호'에서 김 선배님, 박 대리, 정 차장님으로 자연스럽게 호칭도 바뀌었다.

　퇴근 전에 홍 대리는 이메일을 확인했다. 〈세일즈 천재가 되려는 홍 대리님께〉라는 제목의 이메일엔 신 원장이 보낸 두 번째 미션이 있었다. 미션은 두 가지였다. 매일 '세일즈 플래너'를 쓰는 것과 '고객 파일'을 만드는 것.

홍 대리님,
이번 미션은 세일즈 플래너와 고객 파일을 만드는 것이에요.
세일즈 플래너는 자신의 하루 일과를 시간에 따라 기록하고 피드백하기 위한 것으로 세일즈 전체 과정을 관리하는 것이죠. 고객 파일은 오직 그 사람만을 위해 그 사람과 관련된 모든 정보를 기록하는 것이랍니다.
관계의 시작은 그 사람을 알아가는 것에서부터 출발한다고 생각해요. 삶의 가치관, 비즈니스의 비전과 야망, 가족사항, 강점과 약점, 가장 아끼고 소중하게 여기는 것, 덧붙여 가슴 깊숙한 곳에 있는 내밀한 고민까지도요. 우리는 소소한 일에 감동받죠. 생일과 기념일을 챙겨 좋아할 만한 선물을 하는 습관도 들이세요. 꼭 비싸고 거창해야 하는 건 아니에요. 마음과 정성을 담는 것이 더 중요하니까요.
고객과 처음 만난 자리에서 대화를 하며 정보를 파악하는 것도 중요하지만 친밀한 관계를 형성하기 위해 미리 조사하는 것도 필요하죠. 그리고 이 모든 것을 바탕으로 홍 대리님이 한 제안에 어떤 반응을 보였는지, 만약 성공적이었다면 좀 더 자세하게 기록하고 생각보다 반응이 낮았다면 어떻게 변형해서 보완할 것인지 고민하세요. 다음 행동의 디딤돌이 될 겁니다.
생각하고 행동한 모든 것을 적으세요. 기억은 착각을 일으킬 수 있지만 기록은 정직한 법이랍니다. 홍 대리님을 지지하고 응원합니다.
화이팅!!!

홍 대리는 신 원장의 이메일을 출력했다. 머리맡에 붙여놓고 읽고 또 읽어서 가슴 깊이 새겨놓고 싶었다. 어느 것 하나도 버릴 것이 없는 말이었지만 특히 와 닿는 말이 있었다.

"기억은 착각을 일으킬 수 있지만 기록은 정직하다."

서둘러 퇴근해 집에 돌아오자마자 미션을 시작했다.

"먼저 세일즈 플래너부터 써보자."

홍 대리는 매장 리스트를 꺼냈다. 현재 관리하고 있는 아우로 지점은 20개였다. 매출 규모를 중심으로 상, 중, 하로 구분한 후 매장의 특성과 현재 상황을 분석했다.

"A급인 5개의 매장은 내가 관계만 잘 만들어 놓으면 지점장들이 알아서 잘 운영하는 곳이지. 양천지점과 수색지점은 어디 보자…… 여기 10개의 매장은 좀 더 노력을 기울여야 하는 곳이니 B급으로 넣고. 그럭저럭 매출을 올리고 있지만 A급으로 끌어올리기 위해서는 공격적인 마케팅이나 이벤트 등 활력을 불어넣을 필요가 있겠어."

A급 매장은 파란색, B급 매장은 노란색으로 표시했다. 문제는 C급에 해당하는 5개의 매장이었다. 매출이 최저인데다 그나마도 점점 떨어지고 있었다. C급 매장을 빨간색으로 표시하며 얼마 전 방문했을 때를 떠올렸다. 활기도 없고 지점장들도 무엇을 어떻게 해야 할지 모르고 있는 경우가 많았다. 그중 3곳은 새로 대리점을 연 지 1년 안팎의 신생 대리점들이었다.

'아! 놓치고 있던 부분이 이렇게 많았구나!'

하나하나 고민하면서 적다보니 지금까지 자기가 한 노력은 그야말로 아무 생각 없이 기계적으로 움직였던 것에 불과했다는 걸 분명히 깨달을 수 있었다. 제대로 일한 것이 아니라 쓸데없이 바쁘기만 했던 것이다. 대리점별로 상담 일정을 어떻게 잡을 것인지, 누가 키맨이 될 수 있을 것인지, 이벤트 일정이나 시장정보 관리 등도 꼼꼼하게 챙겨야 했다.

홍 대리는 자신이 정리한 세일즈 플래너를 다시 한 번 점검한 후 고객 파일을 꺼냈다. 기존 고객 파일과 신규 고객 파일을 각각 스무 개씩 만들고 노트북 고객 폴더에도 기존 고객과 신규 고객을 따로 정리했다.

아직은 자신이 개척한 신규 고객이 없어 기존 고객 파일만 살펴보고 있었지만 신규 고객 파일도 곧 하나씩 채울 날이 올 것이라고 믿었다. 홍 대리는 텅 빈 고객 파일을 한참 들여다보다 고심 끝에 하나씩 적어나갔다.

<고객정보 관리 솔루션>

1. 고객 개인정보
"관계의 시작은 서로를 알아가는 과정에서 출발한다"

- 고객의 삶의 가치관
- 비즈니스의 비전과 야망
- 고객의 가족관계
- 고객의 취미
- 고객의 강점과 약점
- 고객이 가장 아끼고 소중히 여기는 것
- 고객이 안고 있는 말 못할 가장 큰 고민

2. 고객의 비즈니스 정보
"해당 지점의 1~3년간 매출 특이사항을 파악한다"
- 전년도 매출과 성장 현황
- 금년도 사업 목표와 정책
- 지점의 특별한 슬로건
- 지점의 기념일 또는 행사 일정
- 지점 직원 및 업무 권한의 흐름
- 지점 경영주, 키맨의 고민
- 지점 직원 간의 갈등과 불만 사항
- 해당 지역 소비자의 성향과 트렌드
- 경쟁사 담당자와의 관계 정도, 특이사항

정리를 하다 보니 자신이 하루를 얼마나 어이없이 낭비한 날
이 많았는지 통렬하게 깨닫게 되었다. 하루 현장 활동 스케줄은
물론 고객관리나 정보관리도 허술하기 짝이 없었다. 그러니 일일

성과관리 스케줄은 말할 것도 없었다.

"참, 나란 놈은 지금까지 무늬만 세일즈맨이었구만. 하지만 지금부터다!"

홍 대리는 남은 시간 동안 자신이 정한 목표를 이루기 위해 세 가지 방침을 세웠다.

첫째, 자신을 제어하고 독려할 수 있는 목표를 확실하게 정할 것.

둘째, 그 과정을 객관적으로 피드백할 것.

셋째, 하나의 목표를 이룬 후 새로운 목표를 설정해 계속해서 도전할 것.

"전략을 세우고 실천하고 결과를 분석한 후 다음 매출 목표와 활동계획을 세워야 한다는 것을 지금까지 왜 몰랐지? 중요한 것은 반복 실행! 그리고 자기관리!"

또한 일의 우선순위를 매기고 자신이 감당할 수 있는 리스크가 어디까지인지 정확히 인지하고, 얻는 것과 잃는 것의 한계를 정하는 것도 중요한 일이었다. 부차적인 것에 신경을 쓰면 정작 중요한 것을 놓칠 위험이 있었다.

지금 현재 가장 관계를 돈독하게 해야 할 지점은 매출 1위인 서부지점이었다. 아직은 신규 거래처를 확보하기엔 능력이 부족했다. 기존 거래처와의 관계를 확실히 하는 것부터 시작하기로 결정했다. 있는 것도 제대로 지키지 못하다가 거래마저 끊어지면 그때는 발등에 떨어진 불을 *끄*기에도 급급할 터였다.

"좋았어! 멈추지 않는다! 세일즈 하면 세일즈 홍이라는 소리를 들을 때까지. 뜨거운 홍! 불타는 홍! 홍초보다 매운 홍! 가자, 가자, 가자!"

# 두려움과 용기는 함께할 수 없다

일요일 이른 아침. 서부지점을 눈앞에 두고 홍 대리는 심호흡을 했다. 김경태 서부지역 지점장은 평소엔 조용하고 친절한 성격이었지만 어느 순간 화가 폭발하면 전혀 다른 사람이 되었다. 연배가 어린 사람에게도 정중한 태도로 꼬박꼬박 존댓말을 쓰다가도 꼭지가 돌면 말끝마다 쌍팔년도 욕이 따라붙는다고 별명도 '경킬과 태이드(지킬과 하이드)'였다.

불황인 중에도 서부지점은 꾸준한 판매율을 보이고 있었다. 아직 배워야 할 것이 많은 홍 대리로선 지킬과 하이드가 아니라 드라큘라와 늑대인간이라고 해도 두려움에 굴복당하지 말고 현장의 노하우를 익혀야만 했다.

"기억하세요. 두려움과 용기는 함께할 수 없습니다."

문득 신 원장의 목소리가 들렸다.

"우리는 둘 중 하나를 선택해야만 합니다. 두려움에 떨면서 핑계를 댈 것인가, 아니면 용기를 내어 한 발 전진할 것인가? …… 우리 안에는 많은 내가 있지만 극단적으로 말하자면 딱 두 사람이 존재합니다. 두려움에 떠는 자와 용기를 내어 나아가는 자. 여러분은 어느 쪽을 선택하고 싶으신가요?"

기왕이면 용기를 내는 자신을 선택하고 싶다고 홍 대리는 고개를 끄덕였다. 예전의 자신이라면 '미션 임파서블'이라며 '네버! 네버! 네버!'를 월드컵 4강 진출 때 '대~한민국!!!!'을 외쳤을 때보다 더 격하게 외쳤을 것이다. 그러나 지금은 부딪쳐보겠다는 의지가 불타오르고 있었다.

"그래, 밝은 미소와 인사는 쇠와 돌도 녹인다고 했지."

홍 대리는 '알 이즈 웰'을 마음속으로 세 번 외치고 대리점의 문을 힘차게 열었다.

"안녕하세요? 좋은 아침입니다! 오늘 재고조사 하는 날이죠?"

한 손에 음료수, 다른 한 손에는 맥주 캔 박스를 들고 나타난 홍 대리를 김경태 지점장은 낯선 사람 보듯 보고만 있었다.

"누구신지……?"

"에이, 지점장님도 농담이시죠? 아우로 홍 대립니다."

"하하하…… 홍 대리님, 그런데 어쩐 일이에요? 오늘 우리 재고조사 하는 날인 건 또 어떻게 알았어요?"

"오늘은 그냥 도와드리고 싶어서 왔어요. 이건 일하면서, 이건 일 끝나고."

음료수와 캔맥주 박스를 차례로 들어 보이는 홍 대리를 향해 김 지점장이 환한 미소를 지었다.

"맥주 좋아하세요?"

"없어서 못 마시죠."

"슈퍼드라이로 사왔는데 괜찮으세요?"

"오~, 그건 제가 제일 좋아하는 거예요."

"제가 선택을 잘 했네요. 맥주만큼은 오늘 제가 책임지고 쏘겠습니다."

홍 대리의 말에 김 지점장의 입이 아까보다 더 크게 벌어졌다. 가져온 것을 냉장고에 넣어두면서 홍 대리는 매장 안을 살펴보았다. 직원들이 출근하기도 전에 김 지점장은 벌써부터 재고조사를 위한 준비를 하고 있었다. 홍 대리도 서둘러 팔을 걷어붙이고 나섰다. 지점 직원들이 출근하기 전에 서둘러 오고 싶어서 일찍 나선 참이었다.

'이런 날엔 출근 시간에 딱 맞춰 오기보다 한 시간쯤 일찍 오는 게 낫지.'

급하게 도착해서 일손을 돕는 것보다 여유 있게 도착해서 김 지점장과 이런저런 이야기도 주고받고 싶었다. 다행히 김 지점장은 '경킬 상태'였다. '태이드 상태'였다고 해도 물러서지 않을 각오로 오긴 왔지만 행운의 여신이 자신을 향해 미소를 지은 듯해서 홍 대리는 속으로 쾌재를 불렀다.

"그런데 정말 오늘 어떻게 알고 온 거에요?"

"에이, 지점장님도. 제가 허술해 보여도 이런 거 다 알고 있어요. 말을 안 해서 그렇지. 하하하! 자, 뭐든 시키기만 하세요!"

사실은 일주일 전부터 달력에 크게 동그라미를 쳐놓고 기다리던 날이었다. 일요일이었지만 일 년에 한 번 있는 재고조사 날이었다. 휴일이라고 집에서 편하게 쉬고 있을 수만은 없는 노릇이었다.

# 홈런보다 1루타

서부지점에 오기 전 홍 대리는 지난번 송 팀장과 관계를 새롭게 했던 경험을 바탕으로 세일즈 플래너에 기록했던 것을 꼼꼼히 읽어보았다. 공들여 작성해놓은 김 지점장의 개인 파일을 면밀하게 확인했다.

김 지점장이 일을 마친 후 맥주 한 잔을 즐긴다는 것도, 맥주 중에서도 슈퍼드라이를 특히 좋아한다는 것도 개인 파일을 작성하면서 알게 된 사실이었다. 송 팀장과 팀원들이 전해준 정보와 자신이 그 동안 매장에 다니면서 직접 작성한 팩트도 있었다.

하지만 김 지점장에게 편하게 말문을 열게 된 데에는 송 팀장의 도움이 절대적으로 컸다. 재고조사를 도우러 가고 싶다는 홍 대리의 말에 송 팀장은 크게 반색하며 조언을 했다.

- 생일: 1965. 10. 17
- 좋아하는 음식: 삼겹살, 맥주(특히 슈퍼드라이), 과메기
- 생활패턴: 평일에는 집과 매장만을 출퇴근. 성실하고 근면함.
- 취미: 등산(희망산악회). 낚시(자영업을 하는 지인들의 가족과 여름휴가 때 바다낚시)
- 가족관계: 부인(생일: 1967. 3. 10) 1남(현재 대학생) 1녀(현재 고등학생)
- 성격: 평소 조용하고 예의 바르나 심하게 욱하는 성격도 있음.

"이번 기회에 잘 배워봐. 절대로 상대를 이기려 들지 말고. 얄팍한 자존심을 채우는 것보다 중요한 것은 목표를 달성하는 것이네."

"그런데 어떻게 대화를 이어가야 할지 모르겠어요. 김 지점장님은 아무래도 좀 어려워서……."

"하하하, 나한테 했듯 하면 돼."

"제가 팀장님께 어떻게 했는데요?"

"안녕하세요? 좋은 아침입니다!"

송 팀장은 여전히 그 날을 생각하면 기분 좋은 웃음이 난다며 홍 대리의 어깨를 툭 쳤다.

"사람은 누구나 자신이 좋아하는 화제가 있지 않나. 그 차이를

인정하되 공통분모를 통해 대화에 접근해보게."

그리고는 허공에 대고 오른손을 올려 검지를 쑥 내밀더니 커다랗게 부채 모양을 그렸다.

"부채의 맨 아래쪽, 꼭지점에서부터 시작하는 거야. 공통화제에 해당하는 지점이지. 일단 편한 주제로 물꼬를 터. 그리고 조금씩 부채의 폭이 넓어지듯 대화의 폭을 넓혀가는 거야. 그러나 여기에서 끝내면 안 돼. 대화의 목표는 어디까지나 업무와 관련된 목표달성이니까. 대화가 넓어지고 소통이 원활하게 트인다 싶으면 다시 비즈니스 이야기로 돌아와야 해. 부채의 아래쪽으로 폭을 좁히며 내려오는 거지. 마지막으로 오늘 마무리 지어야 하는 업무 이야기로 끝을 찍으면 성공. 일명 '꼭지점 대화법'이지."

"그래도 날씨 같은 주제로 시작하는 건 너무 시시하잖아요."

"왜 사람들이 빤한 날씨 이야기부터 한다고 생각하나? 하늘 보면 맑은 거 몰라? 비 오는 거 안 보여? 바람 부는 거 못 느껴? 그런데도 오늘 날씨 참 좋네요, 비 오는데 우산은 챙기셨어요? 바람이 시원하네요, 이런단 말이지."

"공통화제로 삼기에 무난해서 그런 건가요?"

"바로 그거야. 처음부터 심도 있고 고급스러운 화제를 꺼내지 않아도 돼. 부담 없이 시작하라고. 홈런을 노리지 말고, 처음엔 가볍게 1루를 노리고 가는 거지."

"만약 빈 볼을 맞으면요?"

"그땐 항의하는 제스처를 취해야지. 진짜 화를 내는 게 아니라 얄보이지 않을 정도의 반응만 보이는 거야."

"희생 플라이를 당할 수도 있잖아요."

"다음 기회를 만들어주면 괜찮아. 골라서 치다 보면 상대의 구질을 파악할 수 있으니까."

"그러다 경기가 더 잘 안 풀리면 어떡해요."

"핀치에 몰린 순간일수록 선수들은 눈앞의 공 하나만을 생각하지. 하나만 더 친다, 혹은 하나만 더 잡는다."

"오직 공 하나만."

"그렇지. 전력을 다해 집중하는 순간 야구공이 농구공만 하게 보인다더군. 아, 그런데 홍 대리도 야구 좋아하나? 다음에 야간 경기 보러 같이 갈까? 어제 경기 봤어? 9회 말 투 아웃 투 쓰리 풀 카운트에서 안쪽 깊숙이 들어온 직구를 그대로……."

야구 이야기가 나오자 송 팀장의 눈이 반짝거렸다. 송 팀장이 야구광이라는 사실은 알고 있었지만 대화에 적용하니 이야기가 술술 풀렸다. 언제 서먹한 적이 있었냐는 듯 신이 나서 야구 이야기를 풀어놓는 송 팀장과 한층 가까워진 느낌도 들었다. 홍 대리는 송 팀장 덕분에 자신이 대화의 달인이 된 듯해서 어깨가 으쓱해졌다.

# 책상머리에서는
# 결코 배울 수 없는 것들

점심을 먹고 홍 대리는 슬쩍 김 지점장 옆으로 갔다. 아침에 '꼭지점 대화'의 물꼬를 트긴 했지만 일하는 동안에는 정신이 없어서 제대로 된 이야기를 나눌 틈이 없었다. 지점장이 먼저 말문을 열었다.

"송 팀장님 잘 지내시죠?"

"네. 여전히 열정적이시죠."

"만만하신 양반이 아닌데, 힘들진 않아요?"

"힘들긴요. 오히려 제가 많이 배워요. 속정이 깊으신 분이라 하나라도 더 가르쳐주려 하시고요. 제가 아직 잘 하질 못해서 폐만 끼치고 있죠."

말없이 이야기를 듣던 김 지점장이 홍 대리의 어깨를 툭툭 쳐

주었다.

"겸손하긴. 그나저나 유니버스백화점 건은 아직?"

"네……."

유니버스백화점 입점은 이미 몇 달째 난항을 겪고 있었다. 배보다 배꼽이 더 크다면서 지금처럼 대리점 중심으로 실리를 추구하는 쪽이 좋다는 의견과, 명품의 상징인 유니버스백화점에 반드시 입점해서 최고의 품질과 디자인으로 회사 이미지 자체를 혁신해야 한다는 입장이 팽팽히 맞서고 있었다.

"그런데 아우로는 암만 봐도 라인에 엣지가 없어요, 엣지가."

김 지점장이 등산복 바지라인을 손으로 훑으며 너무나 아쉽다는 듯 말했다. 정말로 김 지점장은 라인을 사랑했다. 하지만 홍 대리는 등산복의 디자인보다 기능이 더 중요하다고 생각했다.

예전 같으면 똥인지 된장인지 구분하지도 못하고 일방적으로 자신의 의견을 내세웠겠지만 지금은 더 이상 예전의 홍 대리가 아니었다. 누가 옳고 그른지 따지는 건 의미가 없었다. 김 지점장이 무엇에 관심을 갖고 있는지 아는 것이 더 중요했다.

"기능성이나 품질은 이젠 특별히 내세울 게 못 돼요. 그건 그냥 기본이라고요. 왜 디자인과 컬러에 좀 더 신경을 쓰지 않는 거죠? 내가 아우로를 정말 사랑하긴 하는데 옷 입은 태가 JK 제품만 못하다니까요."

"확실히 좀 그렇죠. JK가 폼은 나죠."

홍 대리가 수긍을 하자 김 지점장은 물 만난 고기처럼 라인에 대한 애정을 쏟아내었다. 듣다 보니 입이 떡 벌어졌다. 김 지점장은 전문가 뺨치는 지식과 등산복에 대한 자신만의 관점을 지니고 있었다.

홍 대리는 김 지점장에게 배울 것이 많다는 생각에 열심히 귀를 기울였다. 금광을 캐는 광부처럼 이야기 속에서 황금을 캐는 심정이었다. 이 모든 것이 사무실 책상머리에서는 결코 배울 수 없는 것들이었다.

# 석유통 대신 맥주 캔

"여기 사장 누구야? 당장 나와!"

한창 디자인을 주제로 이야기꽃을 피우고 있는데 갑자기 문이 열리더니 험상궂은 초로의 남자가 다짜고짜 소리를 지르며 들어왔다.

갑자기 당한 일이라 직원들이 당황하는 기색이 역력했다. 하도 기세등등하게 엄포를 놓는 바람에 누구 하나 나서서 사태를 수습하기는커녕 다들 얼굴이 하얗게 질려 있었다.

김 지점장보다 빠르게 매니저가 남자 앞으로 다가갔다.

"손님, 무슨 일로……."

"무슨 일? 네가 사장이야?"

"저는 이 매장의 매니저입니다. 무슨 일이신지……."

"무슨 일은 개뿔! 장사를 똥구녕으로 하나. 누구한테 사기 치고 앉았어! 여기 확 불 싸질러버릴 거야! 사장 나오라고 그래!"

쩔쩔매는 매니저를 보던 김 지점장의 입술이 묘하게 일그러지고 있었다. 볼이 씰룩거리고 콧구멍이 벌름거리는 저 모습은 설마……!

'안 돼!!!'

홍 대리는 속으로 절규했다. 하필이면 오늘 같은 날 이런 일이 벌어질 게 뭐란 말인가.

"저것이 시방 뭐라고 씨부렁거린다냐?"

김 지점장이었다. 낮은 목소리로 눈을 비스듬하게 뜨고 상대를 꼬나보면서 특유의 사투리가 튀어나왔다. 이제 홍 대리 앞에 있는 사람은 분노 폭발 하이드로 변신한 태드 김 지점장이었다.

"어디를 불싸지른다고야? 워매, 참말로 환장할 노릇이제."

"지점장님, 지점장님, 일단 고정을……."

남자는 여전히 매니저를 앞에 두고 소란을 피우고 있었다.

"여긴 도대체 뭐야! 이 자식아, 눈 있으면 똑바로 봐. 썩은 동태 눈깔이라도 달고 있으면 이 쓰레기 같은 옷을 보란 말이야!"

"나가 더 이상은 못 듣고 있겠다잉. 가게 문 닫아도 좋으니께, 저 잡것을……."

"잠깐! 잠깐만요, 지점장님!"

"홍 대리 니는 빠져라잉. 저 배불탱이 올챙이 같은 놈은 내가 처리해불텡께.”

금방이라도 멱살을 잡고 한판 뒹굴 태세로 남자에게 달려들려
는 김 지점장을 홍 대리는 전속력으로 달려가 막았다. 고등학교
체육 시간에는 물론 평생 이렇게 빨리 달려본 적이 없는 빛의 속
도였다. 이 장면을 봤다면 우사인 볼트도 홍 대리를 향해 엄지손
가락을 치켜들었을 것이다.

“사장 안 나와? 이것들이 서로 짜고 버틴다 이거지. 내가 오늘
이럴 줄 알고 불 싸지르려고 석유통 갖고 왔다. 그래 어디 한번
해보자!”

홍 대리의 눈짓을 받고 온 직원들이 김 지점장을 억지로 물품
창고로 끌고 가다시피 데려갔다. 홍 대리는 심호흡을 하고 남자
에게 다가갔다.

“자자, 점잖은 어르신께서 왜 이러십니까? 뭔가 잘못된 게 있
으면 제가 회사에 말해서 정중하게 시정하고 사과드리겠습니다.
물론 변상도 해드리지요.”

“이 말라빠진 시래기 같은 새끼는 또 뭐야?”

“이 옷을 만든 회사의 직원입니다. 잘못이 있다면 저희 측에
있고 여기 계신 분들과는 아무 상관이 없습니다. 그러니까 저한
테 말씀을 하세요.”

홍 대리는 분에 겨워 씩씩거리는 남자를 데리고 매장 한 구석
으로 갔다. 그리고 재빨리 냉장고에서 맥주 한 캔을 꺼내 남자에

게 권했다.

"어르신, 석유통 대신 맥주 캔은 어떻습니까?"

# 싸우지 않고 이기는 법

서글서글한 홍 대리의 말투에 남자는 어이가 없다는 표정을 짓더니 이내 캔을 따서 벌컥벌컥 마시기 시작했다. 꽤나 오래 들이키는 폼으로 봐서 오래 목이 말랐던 사람 같았다.

"하나 더 드릴까요?"

"아니, 됐네. 이제 좀 진정이 되는군."

"어르신, 옷이 마음에 안 드십니까?"

"아, 글쎄, 내가 마누라 생일 선물로 여기서 이걸 샀는데……."

사연인즉슨, 큰맘 먹고 부인에게 등산용 점퍼를 하나 선물했는데 한 번 입어보더니 왜 자기를 데려가지도 않고 마음대로 옷을 사왔냐며 오히려 화를 냈다고 했다. 색상이며 디자인이며 이렇게

촌스러운 것을 입고 어떻게 산에 가냐며, 보는 눈도 없다고 타박이란 타박은 다 받았다는 것이다.

그래서 부인더러 마음에 드는 다른 것으로 바꾸러 가라 했더니 다녀와서는 '입은 옷이고 교환기간도 지난 데다 가격표도 떼어내고 없어서 교환해줄 수 없다'는 소리만 들었다고 했다. 먼 거리에서 일부러 찾아왔는데도 나중에는 대놓고 귀찮은 태도를 보였다고 했다.

"가격표를 떼고 한 번 입은 옷이라 해도 그렇지. 새 것이나 다름없는데 왜 못 바꿔준다는 거야? 이걸 얼마나 비싸게 주고 샀는데. 없이 산다고 무시하는 거야? 사람 속을 왜 이렇게 뒤집어?"

"어르신도 참. 사람 속이 뭐 양말짝인가요, 막 뒤집게."

"그게…… 그러니까 부침개처럼 홀딱 뒤집으니까 하는 소리지."

슬쩍 던져본 농담이 통했는지 분위기가 한결 부드러워졌다.

"그럴 리가 있습니까. 단지 여기 직원들은 규정에 따랐던 것뿐입니다. 혹시 사모님과 함께 오셨나요?"

"내가 책임진다고 큰소리 쳤지. 지금 차에 있어."

"잘 하셨어요. 그럼 사모님을 모시고 오면 어떨까요?"

홍 대리의 말에 남자는 순순히 그러마 하고는 부인을 데리고 들어왔다. 기세등등하던 남자도 부인과 함께 들어올 때는 손을 꼭 잡고 다정한 모습이었다. 그 모습을 본 홍 대리는 아까 그 사람이 맞나 싶어 속으로 웃음이 났다. 역시 사람은 한쪽 모습만 보고는 모르는 법인가 싶었다.

"사모님, 옷이 어디가 마음에 안 드시나요?"

"아니, 옷은 괜찮은데…… 저한테는 안 맞는 것 같아요."

"그게 무슨 소리야! 옷이 이상하다고 했잖아!"

"당신은 가만히 좀 있어요. 내가 언제 그랬어요?"

"아니, 그러니까……."

홍 대리는 부인 앞에선 꼼짝도 못하는 남자를 보며 웃지 않기 위해 애를 써야 했다. 그리고 부인과 이야기하면 문제가 잘 풀릴 것이라고 직관적으로 파악했다.

"제가 좀 봐드려도 괜찮을까요?"

부인은 입고 온 옷 위에 점퍼를 걸쳤다. 확실히 잘 어울리는 것 같지는 않았다. 하지만 무엇이 문제인지는 바로 보였다. 문제의 점퍼는 평상복 위에 그냥 걸쳤을 때는 빛이 나지 않는다는 데 있었다. 홍 대리는 그 점퍼와 함께 갖춰 입으면 전체적으로 매무새가 살아날 수 있는 등산복 상하의와 신발을 꺼냈다.

"저를 믿고 이렇게 한번 입어보세요. 신발도 신어보시고요."

홍 대리의 권유에 따라 부인이 옷을 갈아입고 나왔다.

"어? 어라?"

부인의 모습을 본 남자의 눈이 휘둥그레졌다.

"어머, 어머, 이게 이런 옷이었어요?"

부인도 거울 앞에서 자신의 모습을 보더니 흡족한 웃음을 지으며 남편을 바라보았다. 아까와는 전혀 다른 모습이었다. 촌스럽게 보이던 점퍼가 등산복을 함께 갖춰 입으니 몰라볼 정도로 세련되어 보였다.

"어르신들은 편하다는 이유로 점퍼를 일상복으로 입으시기도 하지만 원래 등산복으로 만들어진 옷입니다. 특히 이 점퍼는 공기가 통하고 가벼워 등산용 점퍼 중에서도 최고의 제품으로 손꼽히죠. 사장님께서 안목이 있으셔서 옷은 정말 잘 고르셨어요."

"하하하, 들었지? 내가 옷은 잘 골랐다고."

홍 대리의 칭찬에 남자는 쑥스러워하면서도 은근히 부인에게 자랑스러운 웃음을 지었다. 부인이 "누가 뭐래요"라며 옆구리를 쿡 찔렀다.

"다만 어떻게 입느냐에 따라 같은 옷이라도 달라 보이죠."

"정말 그러네요. 이렇게 입으니 너무 멋져요."

부인은 정말 마음에 든다는 듯 거울 앞에서 자신의 모습을 이리저리 비춰보았다.

"흠, 흠, 이건 얼마요?"

"어머나? 이거 진짜 다 사줄 거예요?"

"당신이 좋아하니까…… 그리고 예쁘잖아."

남자의 말에 주변에 있던 직원들이 "맞아요, 예뻐요, 진짜 잘 어울리세요"라며 연달아 칭찬을 쏟아냈다. 부부는 웃음을 터뜨리며 흔쾌히 계산을 했다. 홍 대리는 등산복 모자를 두 개 골라 계산대로 갔다.

"이건 제가 드리는 선물입니다. 두 분이 산에 가실 때 커플로 써주세요. 그 옷에도 아주 잘 어울리는 모자예요. 오늘 방문해주셔서 정말 감사합니다."

남자는 싱글벙글 웃으며 부인을 바라보았다. 부인은 살짝 고개를 숙여 인사를 했다.

"여기 아주 마음에 들어요. 제가 친구들에게도 꼭 여기서 옷 사라고 할게요. 그리고 다음번에도 다시 올 거고요. 옷 정말 마음에 들어요. 모자도요."

홍 대리는 부부를 매장 밖까지 안내하고 허리를 숙여 깊이 인사를 했다. 매장에 들어오자마자 김 지점장과 직원들이 우르르 다가왔다. 모두 눈앞에서 마법이라도 본 듯한 얼굴이었다.

"어떻게 한 겁니까?"

다행히 그 사이에 다시 온화한 지킬로 돌아온 경킬 지점장이 물었다.

"그냥 손님 이야기를 들었을 뿐이에요."

"홍 대리님 덕분에 살았어요."

"반품은커녕 오히려 제품을 더 많이 사가게 하다니."

"와아, 다시 봤어요. 홍 대리님, 멋져요."

137

직원들의 칭찬을 받자 홍 대리는 조금 쑥스러웠다. 자신도 그 순간 어디에서 그런 용기가 나왔는지 알 수 없는 일이었다. 단지 상대를 이기려 들지 말라는 송 팀장의 조언에 따랐을 뿐이었다.

김 지점장이 홍 대리의 어깨를 툭 치더니 웃으며 말을 했다.

"홍 대리님께 큰 신세를 졌네요."

홍 대리는 오늘 자신의 목표가 이루어졌음을 직감적으로 알았다. 이제 남은 것은 일을 마치고 다 함께 시원한 맥주를 마시는 것이라는 것을. 이날 서부지점의 사건은 세일즈마케팅부에도 금세 소문이 났다. 물론 홍 대리는 말하지 않았지만, 김 지점장이 송 팀장에게 이야기를 전한 것이다. 매일 욕먹고 좌충우돌하던 홍 대리도 이제 조금씩 부서에서 인정을 받으며, 세일즈에 푸욱 빠져들어가고 있었다.

# 살아 숨 쉬는 진짜 현장

일요일 아침, 홍 대리는 얼굴에 간지럼을 느끼며 잠에서 깼다. 눈을 뜨자 동그랗게 눈을 뜬 수리가 자신의 얼굴을 핥고 있었다.

"놀아달라는 거냐?"

홍 대리가 몸을 일으키자 수리는 자신이 언제 그랬냐는 듯 저만치 가버리더니 조금 열린 틈새로 휙 빠져 나갔다.

"아니, 이 형님께서 몸소 놀아주겠다는데!"

홍 대리는 서둘러 수리를 따라 거실로 나갔다. 거실에는 일찌감치 아침밥상을 물린 어머니와 아버지가 도란도란 이야기를 나누며 콩나물을 다듬고 있었다. 수리는 형, 누나들-홍 대리가 길에서 데려온 강아지 세 마리와 고양이 두 마리-과 장난을 치느라 홍 대리에겐 눈길도 주지 않았다.

"아버지! 산에 가신 줄 알았는데…….."

"벌써 다녀왔지. 늦잠 잤나?"

"어제 늦게까지 일했거든요."

"요즘 일은 할 만하고?"

"열심히 배우고 있어요."

홍 대리의 아버지는 누구보다 산을 사랑하는 사람이다. 어려서부터 홍 대리를 산에 데리고 가는 날이 많아서 홍 대리가 이 일을 선택한 데는 아버지의 영향도 컸다. 시속 100km로 달리다가도 로드킬을 당한 동물만 보면 멈춰서 반드시 주변 어딘가에 묻어주는 아버지였다. 홍 대리가 길가에 버려진 개나 고양이를 그냥 두고 오지 못하는 것 또한 이런 아버지를 둔 덕분인지도 몰랐다.

홍 대리는 그 동안 있었던 일을 간단히 아버지에게 전했다. 물론 사표 쓸 뻔했다는 이야기는 쏙 뺀 채로. 아버지는 간간히 '음, 음' 소리를 내며 듣다가 궁금한 점이 생기면 이야기 중간에 질문도 했다. 그러더니 느닷없이 한마디를 툭 던졌다.

"오늘 산은 살아 움직이는 것 같더구나."

"산이 살아 움직인다고요?"

"등산복이 화려해졌다는 얘기지."

수리의 배를 긁어주던 어머니가 대신 통역해주었다. 아버지는 가끔 선문답 같은 말을 할 때가 있어서 알기 쉽게 풀어주는 건

늘 어머니의 몫이었다.

"옆선 절개가 들어간 옷이 멋지고 좋아 보이던데. 너네 회사 건 비싸기만 하고 별로야."

"아들 회사 제품을 별로라고 하는 어머니가 어딨어요?"

"여기 있다, 왜?"

어머니는 딱 잘라 말하며 당당하게 머리를 들었다. 그런 어머니를 보며 싱겁게 웃던 아버지가 다시 홍 대리에게 물었다.

"근데 넌 언제 산에 갈래?"

"일하는 것만으로도 바쁜데 산에 갈 시간이 어딨어요?"

"허허, 모르는 소리. 산이야말로 진짜 현장이지. 명색이 아웃도어 제품을 만드는 회사에 다니는 녀석이 살아 있는 현장에 가보지도 않고 고객이 원하는 게 무언지 어떻게 알아?"

"그러니까 바보죠. 가서 밥이나 먹어."

홍 대리에게 가려는 수리의 목덜미를 낚아채며 어머니가 말했다.

"수리야, 몇 번을 말해야 알아듣니? 바보도 옮는다니까."

홍 대리는 뒤통수를 한 대 맞은 듯 정신이 번쩍 들었다. 산에 가서 현장 조사를 할 생각은 한 번도 하지 못했다. 어이가 없다면 어이가 없는 일이었다. 매장만이 현장의 전부라고 생각했던 자신이 한심했다.

# 기발한 아이디어는 '불통'
## 작은 실천은 '통'

밥을 먹자마자 가까운 곳에 있는 산으로 향했다. 오후였지만 휴일을 맞아 산에 온 사람들로 붐비고 있었다. 등산객들을 가만히 관찰하고 있으려니 아웃도어 제품이 생각했던 것보다 참 다양하구나 싶었다.

'우리 제품은 중장년층이 주로 입고 있고, 젊은 사람들은 JK 제품을 많이 입고 있군.'

등산화도 비슷했다. 아마 매장에 가서 한 번에 구입하는 일이 많아서인 듯했다. 정말로 산을 좋아하는 사람은 품목별로 따로 구입하겠지만 일반인들은 주로 백화점이나 상설매장, 또는 지점에서 세트로 사는 경우가 많을 것 같았다.

매장에서 보는 것과 다르게 산에서 직접 제품을 보는 것은 신선한 충격이었다. 그러나 단지 한 번 경험해본 것만으로 끝 낸다면 의미가 없었다.

'오늘 일을 어떻게 매출과 연결시킬 수 있을까?'

바위에 앉아 바람을 맞으며 생각에 잠겼다. 기발한 아이디어 가 떠오를 것도 같았지만 당장은 어떻게 해야 할지 뾰족한 수가 나오지 않았다. 오랜만에 바람을 쐬어서인지 몸과 마음이 상쾌 했다. 사무실에서 주어진 일을 하며 지낼 때와 현장에서 직접 뛰 는 일은 에너지 자체가 다른 느낌을 주었다.

하지만 여전히 2분기 목표를 달성하기엔 부족했다. 산에서 내 려오면서 홍 대리는 다시 마음을 다졌다.

〈2분기 매출 목표 40억, 신규 지점 개척 3개〉와 함께 4월 목표 15억(신제품 출시), 5월 목표 10억, 6월 목표 15억(신규 지점 개척)이 라고 세일즈 플래너에 또렷하게 써넣었던 것을 떠올렸다. 목표를 떠올리자 다시 손에 힘이 들어갔다.

'2분기 목표는 꼭 달성해야 돼!'

기존 고객을 관리하는 것만으로는 아무래도 한계가 있었다. '석유통 사건' 이후 홍 대리를 다시 본 김 지점장이 여러 모로 힘 을 실어주고 있었지만 신규 매장 개척은 하나도 못 하고 있는 상 황이었다.

'이래서야 세일즈 천재 홍은커녕 허당 홍 되는 거 아냐?'

송 팀장도 마감일이 다가오자 은근히 압박을 가하고 있었다.

개인적인 친분과는 별도로 업무에서는 인정사정없는 송 팀장이었다. 1분기는 목표를 채우지 못했어도 신입이라는 이유로 은근슬쩍 넘어갔지만 이번 분기까지 목표를 달성하지 못하면 그 다음 벽은 또 어떻게 넘을지 걱정이었다.

생각에 잠겨 걷다보니 은서네 가게 앞이었다. 어느새 발걸음이 또 이쪽으로 향했는지 알다가도 모를 일이었다. 휴일만 되면 자신도 모르게 은서를 만나러 오곤 했다. 와봤자 밥이나 사고 막말만 듣다 가는데 말이다.

'전생에 김유신 장군이 탔던 말이었나…… 어째 내 다리는 여기 한 군데를 줄기차게 오는 거냐.'

홍 대리는 자신의 발을 물끄러미 바라보았다. 그래봤자 3년은 넘게 신은 낡은 운동화만 보일 뿐 자신이 왜 그런지 딱히 명확한 이유를 알 수는 없었다.

은서는 손님을 맞는 한편 틈틈이 물건을 꺼내 진열하며 분주한 모습이었다. 가게에 들어서지 않고 밖에서 물끄러미 보고 있으려니 저 자그마한 몸이 쉬지도 않고 잘도 움직인다 싶었다.

'잠시도 쉬지 않고…… 쉬지 않고? 아, 그거다!'

홍 대리는 가게 안으로 들어서지 않고 발길을 돌렸다. 은서는 오늘 자기가 왔다간 것도 눈치 채지 못했겠지만 바쁜 은서에게 방해가 되고 싶지는 않았다. 다만 방금 떠오른 생각을 빨리 정리해서 실행에 옮기고 싶었다.

'기발한 아이디어에 의존하기보다 쉬지 않고 작은 실천을 하는 것이 더 중요해.'

아이디어는 행동이 있을 때만 의미가 있는 것이었다. 창의적인 아이디어는 지속적인 행동에서 나올 때가 많다는 것을 지금까지의 경험이 말해주었다. 어떤 아름드리나무도 처음엔 작은 묘목이었다. 거목으로 자라기 위해 쉬지 않고 물과 양분을 빨아올리고 햇빛과 바람을 견뎠을 것이다.

홍 대리는 처음 눈에 띄는 카페에 들어가 늘 지니고 다니는 세일즈 플래너를 꺼냈다. 아무리 작은 일이라도 자신이 할 수 있는 일이라면 뭐든지 하고 싶었다. 그러나 막상 플래너를 열자 의욕만큼 좋은 생각이 떠오르지 않았다.

"아, 이럴 땐 신 원장님께 전화를 한번 해볼까?"

휴일을 방해하는 것 같아 망설였지만 홍 대리는 용기를 내어 휴대폰을 꺼냈다. 신호가 몇 번 가지 않아 신 원장의 목소리가 들렸다.

"네, 홍 대리님."

"휴일인데 죄송해요. 꼭 여쭤보고 싶은 것이 있어서요."

홍 대리의 이야기를 들은 신 원장은 말보다 글로 보내는 것이 좋겠다며 곧 자신이 이메일을 보내겠다고 했다.

"지금 바로요?"

"네. 인터넷 되는 곳에 계신가요?"

"그렇긴 하지만…… 아, 알겠습니다. 이메일 보내시고 문자 주세요."

한 시간도 채 되지 않아 이메일을 보냈다는 문자가 왔다. 홍 대리는 서둘러 메일함을 열었다.

홍 대리님,
전화 잘 하셨어요. 생각났을 때 바로 실행에 옮기신 점, 박수!!!
제 경험으론 이런 일들을 생각해보시면 좋을 것 같아 간단히 몇 가지 적어 보냅니다. 작은 실천이 큰 결과로 이어진다는 사실 잊지 마시고요.

1. 매일 출근과 동시에 내 연봉을 책임져주는 20개 지점 고객 파일을 하나하나 열어보면서 서면 점검을 한다. 업무 지원을 놓치고 있는 곳은 없는지, 영업 아이디어를 보탤 곳은 없는지, 오늘 하루 나를 가장 필요로 하는 곳은 어디인지, 기념일을 챙길 곳은 어디인지를 살피고 하루 스케줄을 정한다.

2. A급 지점의 지점장과는 매일 전화로 아침인사를 한다. 간단한 인사도 좋다.
   "좋은 아침입니다. 오늘도 행복한 하루 되세요."
   "제게 뭐 시키실 일은 없으신가요?"

3. B급 지점은 일주일에 한 번은 꼭 방문해서 한 가지 이상 영업 아이디어를 나눈다.

4. C급 지점은 일주일에 한 번 '아침 일찍' 방문해 함께 문을 열고 청소한다. 지점장들의 고충을 듣고, 필요하다면 A급 지점을 방문해 어떻게 운영하는지 옆에서 보고 몸으로 배우게 한다.

혹시나 하고 SOS를 친 것이긴 했지만 이렇게 빨리, 이토록 명쾌한 대답을 들을 것이라고는 생각하지 못했다. 역시 신 원장은 진정한 프로라는 생각이 들었다. 게다가 보내준 해결책을 하나하나 세일즈 플래너에 옮겨 적다 보니 저절로 감탄사가 나왔다.

잘 되는 매장을 위한 일, 그럭저럭 유지하는 매장을 위한 일, 도움이 필요한 매장을 위한 일이 각기 달랐다. 의외로 자신이 놓치고 있었던 작은 실천들이 많았다는 것을 깨달았다.

'막연하게 포도가 익기만 기다리는 여우가 되지는 말자. 먹을 수 있는데도 분명 '저 포도는 신 포도일 것'이라고 생각하며 돌아서는 어리석은 여우는 더더욱.'

밤늦게 집으로 돌아오면서 바라본 밤하늘엔 그 어느 때보다 많은 별들이 총총 빛나고 있었다.

# 목마른 자가 우물을 파라

산에 다녀온 후 홍 대리는 목표를 더욱 확실히 세웠다. 이제까지는 분기 목표만 생각하고 어떻게 채울지 전전긍긍했지만 구체적인 행동 지침을 분명히 하자 흐릿하던 그림이 더욱 선명하게 보이기 시작했다.

"연봉 1억! 연매출 목표 160억! 이번 달 매출 목표 15억!"

운전대 위에, 사무실 책상 위에, 자신의 침대 머리맡에 써 붙인 것은 물론 심지어는 사진으로 찍어 휴대폰 배경화면에도 깔아놓고 시시때때로 외쳤다. 기존 거래처마다 30% 이상 매출을 끌어올리고 분기마다 적어도 3개 이상의 신규 지점 개척을 해야 한다는 목표에는 변함이 없었다.

다시 한 번 자신이 맡고 있는 지점 20개의 50%인 10개의 신규 개척을 올해 안에 하리라고 굳게 다짐했다. 연봉 1억은 더 이상 꿈의 숫자가 아니었다.

"이메일 영업만으로 미국 시장에서 200억 매출을 따낸 세일즈맨도 있다고 했어. 한 달 동안 신규 지점 한 개를 달성하는 것은 충분히 가능한 일이야. 아니, 반드시 이루고야 말겠어. 원한다면 원하는 만큼 간절히 노력해야지. 목마르다고 누가 공짜로 물을 주겠어? 목마른 놈이 우물 파는 법이지."

목표가 분명해지고 해야 할 행동이 정해지자 오히려 두려움이 사라지고 실천에도 힘이 붙었다. 월별, 주별로 지점의 매출 현황을 확인하고 피드백을 해주는 스케줄도 잡았다. 잠시 주춤했던 신규 개척을 위해 일주일에 3~5명의 가망 고객 파일을 발굴해 적어도 한 명 이상 상담을 다시 실천했다.

SNS도 적극 활용했다. 블로그를 운영하는 지점의 블로그를 주기적으로 방문해 글을 올리고 댓글을 달았다. 지점장들과 매니저들의 카카오톡 스토리도 자주 방문하고, 트위터에 멘션을 날리고 적극적으로 리트윗을 했다.

불황일수록 오히려 적극적인 세일즈마케팅을 해야 한다는 생각이 들었다. 힘들다는 핑계를 대며 제자리에 가만히 서 있기만 하고 싶지 않았다. 신규 매장 개척을 위한 노력을 기울이는 동시에 기존의 관계를 탄탄히 다지는 노력도 소홀히하지 않았다.

오늘도 평소와 다름없이 서부지점에 들른 홍 대리에게 김 지점장이 싱글벙글 웃으며 다가왔다.

"홍 대리님, 좋은 소식 하나 전해줄까요?"

"좋죠. 뭔데요?"

"여기 한번 찾아가 봐요."

김 지점장이 쥐어준 종이에는 약도가 그려져 있었다.

"내가 미리 전화 넣어둘 테니 내일이라도 당장 가봐요."

설마 이것은! 말로만 듣던 그것? 세일즈맨의 영원한 드림이라는 신규 고객 확보? 뜻밖의 선물을 받은 듯 홍 대리의 눈이 커지면서 김 지점장을 멍하니 바라보았다.

"이건, 저…… 지점장님……."

"곧 은퇴하는 친구가 있는데 이런 가게를 하나 해보고 싶어 하더라고. 믿을 만한 사람 있다고 홍 대리님 적극 추천했어요."

"김 지점장님…… 아, 감사합니다! 감사합니다!"

몇 번이나 감사하다는 인사를 하고 김 지점장이 전해준 약도를 손에 꼭 쥐었다. 드디어 그토록 갈망하던 생명줄을 손에 쥔 것 같아 가슴이 벅차올랐다.

# 99%의 노력과 1%의 천성

"드디어……!"

홍 대리는 두근거리는 마음으로 새로운 지점 앞에 섰다. 두려움에 떨며 툴툴거리던 자신은 이미 과거의 모습이었다. 오늘은 드디어 자신이 계약한 첫 번째 신규 매장이 오픈하는 날이었다.

'얼마나 기다리고 기다리던 날이었던가. 장하다, 홍 대리!'

발로 뛰었던 성과였다. 자는 것 먹는 것도 잊을 정도로 몰두하며 수많은 어려움을 이겨냈다. 가슴이 벅차올랐다. 뭐라고 말할 수 없는 깊은 만족감이 홍 대리의 온몸을 가득 채웠다. 한 번 맛본 성공의 쾌감은 그 무엇보다 짜릿했다.

자신도 모르게 웃음이 터졌다. 심장이 터질 듯 두근거렸다. 당장이라도 하늘까지 뛰어올라 달이라도 따올 수 있을 것 같았다.

그 동안의 일이 주마등처럼 머릿속을 스쳤다.

사실 첫 번째 신규 계약을 위해 세일즈 플래너와 고객 파일을 최대한 점검하면서 면밀한 계획을 세웠었다. 김 지점장이 박 지점장을 소개해주자마자 바로 첫 인사를 하러 갔다. 박 지점장을 만나서는 자신이 원하는 바를 한마디도 하지 않고 오직 상대의 이야기를 듣는 것에만 최선을 다했다. 하루에도 필요하다면 두세 번씩 만나 세부적인 부분까지 대화를 나누었다.

계약서를 꺼내 펜을 들었을 때는 겉으로 의연한 모습이었지만 속마음은 갓 태어난 송아지가 첫 걸음을 뗄 때보다 후들거렸다.

"정말 홍 대리한테 감탄했어."

"제게요? 어떤 점에서요?"

"김 지점장 소개라고 해도 내가 많이 까다롭게 굴었잖아. 그런데도 불평 한마디 하지 않으니 말이야."

"그게 어디 까다로운 건가요? 정확하고 세심하셨던 거죠. 지금이라도 궁금하신 점 있으면 뭐든 물어보세요. 협의가 가능한 부분은 최대한 돕겠습니다."

홍 대리의 진정어린 말에 박 지점장이 특유의 함박웃음을 지었다. 박 지점장은 털털하고 화끈한 성격이라 두 번째 만남에서부터 아들 대하듯 홍 대리를 편하게 대해주었다. 아직까지 자신에게 꼬박꼬박 존대를 쓰는 김 지점장과는 전혀 다른 성격이라 두 사람이 어떻게 친구가 되었는지 홍 대리는 내심 궁금해하고 있었다.

"앞으로 잘 부탁한다구. 내가 김 지점장보다 더 많이 팔 거니까."

박 지점장은 사람 좋은 웃음을 지으며 건네받은 펜으로 빠르게 사인을 했다.

"오늘은 홍 대리가 한잔 사는 거야."

홍 대리는 자신도 모르게 박 지점장의 손을 굳게 잡았다. 첫 번째 신규계약이었다. 지금까지의 모든 노력이 결실을 맺는 감동적인 날이었다. 게다가 이로써 이번 분기 목표 달성에 조금 더 가까워졌다. 꿈만 같았다. 그러나 계약을 한 것만으로 끝이 아니었다. 매출이 정상궤도에 오를 때까지 매장 일을 힘껏 돕기로 결심했다.

'내가 사장이 되어 매장을 연다는 마음으로 일하자!'

가장 공을 많이 들인 것은 매장 위치를 정하는 문제였다. '위치가 모든 것을 결정한다'고 할 정도로 어디에 자리를 잡는가는 중요했다. 홍 대리는 상권을 분석하기 위해 시, 군, 구청자료를 파악하며 나이별 성별 인구자료를 분류했다. 지역의 상권분석을 위해 소상공인진흥원 자료도 꼼꼼히 살폈다. 그리고 부지런히 발품을 팔았다.

아침엔 기존 지점들을 관리하고 낮에는 신규 매장 오픈을 위해 평일과 주말의 유동인구를 조사하고 인근 아웃도어 매장을 둘러보았다. 오후엔 박 지점장과 회의를 하고 저녁엔 선배들과 송 팀장의 조언을 듣고 밤엔 오늘 하루 결과를 놓고 아이디어를 짰다. 하루가 24시간이 아니라 48시간이라고 해도 부족했다.

고정비와 예상매출을 고려해 손익분기점도 계산했다. 그뿐만이 아니었다. 매장 직원 채용은 물론 판매 매뉴얼 교육에도 신경을 썼다. 전단지를 만들고 주변 상가에 인사하러 다니는 것은 물론 오픈하기 전 한 달은 거의 매장으로 출퇴근하다시피 하며 디스플레이, 매장 분위기, 음악 등 세세한 부분까지 살폈다.

현장에서 일하면서부터는 가끔 힘에 부친다는 생각은 들었지만 자신이 세일즈를 하기에 합당한 사람인지 아닌지에 대한 고민은 더 이상 하지 않게 되었다. 그런 고민을 하고 있을 시간이 있다면 차라리 어떻게 하면 더 잘할 수 있을지 방법을 모색해보는 게 낫다는 생각이 들었다.

"그래서 신 원장님도 먼저 생각하고 행동하라는 말씀을 하셨구나!"

이제야 자신의 멘토가 얼마나 지혜로운 사람이었는지 실감하게 되었다. 자신이 직접 부딪치기보다 시키는 대로 미션을 수행하는 데만 급급했다면 뜻밖의 상황이 닥쳤을 때 순발력 있게 대처하지 못하거나 두려움이 더 컸을 것 같았다.

홍 대리는 '최선을 다한다'는 것이 어떤 의미인지 알 것 같았다. 그만큼 보람도 컸고 성과도 컸다. 큰 그림을 보면서 일을 하는 것이 무엇인지 감을 잡는 법도 배웠다.

　A급 지점장들과는 매일 아침 출근하면 전화로 인사를 하고 B급 지점장들에게는 영업 아이디어를 보태고 C급 지점장들과는 고충을 나눈 결과, 기존 지점의 매출이 눈에 띄게 성장했다. 홍대리의 헌신적인 도움에 감동을 받은 박 지점장의 소개로 창업 세미나까지 열었다. 그중 두 명이 관심을 보여 두 번째, 세 번째 신규 계약을 하게 되어 2분기 100% 목표 달성을 눈앞에 두고 있었다.

　비록 짧은 세일즈 경험이었지만 홍 대리는 앞으로도 자신이 금과옥조로 여길 말을 하나 찾았다.

　'세일즈 천재는 99%의 노력과 1%의 천성으로 이루어진다.'

3부

# '얼음여왕'의
# 마음을 얻어라

### 세일즈는 결국 누군가를 감동시키는 일

# 새로운 도전

　현장에 집중하며 목표를 향해 달리는 몇 달 동안 홍 대리는 조금씩 세일즈의 진짜 맛을 알아가고 있었다. 첫 번째 신규 개척이 성공하자 연달아 소개가 들어왔다. 누구보다 강력한 키맨은 서부 지점 김 지점장과 첫 번째 신규 개척을 성공하도록 도운 박 지점장이었다. 그 후로도 2개의 신규 매장 계약을 성공시켜 2분기 목표를 마침내 이룰 수 있었다.

　홍 대리는 아직도 그 날을 잊을 수 없었다.

　"홍 대리 축하해! 잘 해냈어!"

　송 팀장이 모든 팀원들 앞에서 홍 대리를 부르며 축하의 박수를 치자 모두 자신의 일이라도 되는 양 열렬한 박수를 보냈다. 그것은 무엇과도 바꿀 수 없는 기쁨이었다. 단순한 기쁨이라고 하기엔 너무나 벅찬 경험이었다. 자신이 노력해서 이뤄낸 결과도 기뻤지만 무엇보다 송 팀장과 팀원들로부터 인정받은 것이 제일 뿌듯했다.

이젠 3분기 목표를 향해 달려야 할 때였다. 기존 대리점의 재계약은 물론 신규 매장 개척에도 더욱 힘을 쏟았다. 햇병아리에 불과했던 홍 대리도 이젠 제법 프로 세일즈맨의 티가 나기 시작했다.

"홍 대리, 잠깐 나 좀 볼까?"

평소와 다르게 송 팀장이 막 출근한 홍 대리를 자리로 불렀다.

"이번 분기마감은 어떻게 되어가고 있나?"

"최선을 다하고 있습니다."

"음…… 자네에게 맡기고 싶은 일이 있는데."

"제게 맡기고 싶은 일요?"

처음 있는 일이었다. 홍 대리는 자신의 귀가 순식간에 위성방송 접신안테나만큼 커진 것 같았다.

'팀장님이 나에게 맡기고 싶은 일이라니! 드디어 나를 믿음직스럽게 보시는 건가!'

"유니버스백화점 일은 알고 있지?"

"네."

"그 일로 나를 좀 도와주는 건 어떤가?"

"네? 제, 제가요?"

꿈에도 생각하지 못한 말이었다. 아니, 꿈이 아니라 현실에서도 언감생심 바라지도 않던 일이었다. 유니버스백화점은 해외명품들도 엄선해서 입점시키는 곳으로 유명했다. 그런데 회사의 사활을 걸고 이미지를 쇄신하는 그 일에 자신을 선택하다니.

"뭘 그리 놀래? 이젠 현장에서도 제법 한몫을 하는 것 같더군. 이번 일은 자네한테도 좋은 경험이 될 텐데. 어떤가?"

거절할 이유가 없었다.

"제가 무엇부터 하면 되겠습니까?"

"유니버스백화점의 구매총괄담당이자 기획실장인 한 실장을 만나는 거지."

# 만날 수만 있다면

"연락 됐어?"

"아니요."

"연락 왔어?"

"아직요."

아침저녁으로 홍 대리와 송 팀장이 나누는 대화는 이제 시트콤 대사처럼 팀원들도 농담 삼아 따라 할 정도였다. 정말 귀신이 곡할 노릇이었다. 백방으로 노력했지만 한 실장과는 연락이 닿지 않았다.

"아니, 어떻게 된 게 사무실로 전화만 하면 회의 중이거나, 출장 중이거나, 손님이 오셨거나, 퇴근했거나야. 무슨 이유가 그렇게 많아?"

사람을 만날 수 없는 이유가 이렇게 다양할 수 있다는 것을 홍 대리는 처음 알았다. 일주일은 매일 찾아가서 기다리기도 했다. 하지만 번번이 얼굴조차 보지 못하고 허탕을 쳤다.

전화는 물론 이메일에도 답이 없기는 마찬가지였다. 하도 답답해서 정말 존재하는 사람이 맞냐고 송 팀장에게 몇 번이고 확인하고 싶은 마음을 꾹 누른 날도 있었다. 심지어 자다가 벌떡 일어나 외칠 때도 있었다.

"귀신도 아니고 분명 사람인데! 어째 이리 얼굴 한 번 보기가 힘드냐고!"

홍 대리는 시간이 지날수록 초조해졌다. 확실히 지금까지와는 다른 차원의 어려움이었다.

"얼굴이나 보면 어떻게든 뚫고 들어가겠는데…… 얼굴조차 보지 못하니…… 이거 원."

어떻게 접근해야 할지 막막하기만 했다. 하지만 유니버스백화점 입점의 열쇠를 쥐고 있는 사람이 한 실장이니 반드시 만나야만 했다. 힘이 빠질수록 마음을 다잡아야 했다.

'오죽하면 세일즈의 첫 번째 단계인 어프로치에 성공하면 반은 성공이라는 말이 있겠냐.'

홍 대리는 한숨을 푹 쉬었다. 그 정도로 고객과의 만남은 가장 힘이 들지만 중요한 단계였다. 일단 만남이 이루어져야 최종 계약을 하기 전까지 자신의 성실함이든 기발한 아이디어든 감동을 주는 이벤트든 뭐든 행동으로 옮기는 것이 가능했다.

제안과 상담에 해당하는 첫 단계에서 끈기와 성실이 가장 중요한 태도라면 프레젠테이션이 포함되는 두 번째 단계에서는 전문성, 협력성, 치밀함이 요구되었다.

"프레젠테이션은 나중 일이라 쳐도 사람을 봐야지, 사람을."

유니버스백화점 입점처럼 큰 건은 아니었지만 대리점 재계약과 신규 매장 개척 경험을 나름대로 쌓아온 홍 대리였다. 그러나 이제야 어프로치의 어려움을 제대로 실감하고 있었다. 지금까지는 찾아가면 어쨌든 '만날 수는' 있었다. 하지만 지금은 한 실장 만나기가 여왕 알현보다 힘든 상황이었다.

"가만히 앉아서 생각만 하기보단 움직이자. 어쨌든 유니버스백화점 기획실로 가보는 거야."

홍 대리는 이가 없으면 잇몸으로, 여왕이 없으면 여왕 측근이라도 만나보자는 생각으로 몸을 일으켰다. 송 팀장이 막 나가려는 홍 대리를 붙잡고 물었다.

"얼음 여왕 알현하러 가?"

"얼음 여왕요?"

"한 실장을 다들 그렇게 부르지."

"아무래도 그 별명 바꿔야겠네요. 얼음 여왕으로는 부족해요. 이건 뭐 눈보라에 찬바람 몰아치기가 남극대륙이라고요."

"하하하. 남극대륙에도 사람은 사니까 잘 해봐. 난 홍 대리만

163

믿는다고."

"차라리 펭귄이 되고 싶어요."

진심이었다. 펭귄이 되어서라도 한 실장을 만날 수만 있다면 기꺼이 펭귄이 아니라 펭귄 알도 될 수도 있다고 생각했다.

# 남극대륙에서 냉장고 파는 법

"홍 대리, 혹시 남극대륙에서 냉장고 파는 법 아나?"

"남극대륙에서 누가 냉장고를 사요. 사방이 얼음덩어린데 그냥 파묻었다가 꺼내 먹으면 되잖아요."

송 팀장이 손짓으로 홍 대리를 불렀다.

"세일즈업계에 전설로 내려오는 말 중에 이런 게 있어. '남극에서 냉장고를 팔 수 있고 사막에서 난로를 팔 수 있다.' 최고의 세일즈맨은 어떤 상황에서도 자신의 목표를 달성할 수 있어야 한다는 뜻이지."

홍 대리는 가만히 듣고만 있었다. 자신도 언젠가 들은 적이 있는 말이었다. 그러나 설령 그런 말이 전설처럼 전해 내려온다 해도 실제로 가능할 일이라고는 생각하지 않았다. 그저 상징적인 이야기로만 생각했던 것이다.

"지금이야 업계에서도 손에 꼽히는 유니버스백화점이지만 처음부터 그랬던 것은 아닐세. 이류는 아니고, 그렇다고 일류라고 하기에도 애매했던 유니버스가 왜 단번에 유명해졌는지 아나?"

그러고 보니 자신이 고등학생일 때만 해도 유니버스는 그저 그런 보통 백화점에 불과했던 기억이 났다. 분명히 일류로 도약한 계기가 있었을 것이다. 송 팀장의 다음 이야기가 궁금해졌다.

"키워드는 '진실'."

"진실요?"

"일명 '수박 사건'이라고도 하는데, 지하 식품매장에서 한여름에 수박을 팔면서 이런 문구를 내걸었어. '날씨가 더운 관계로 수박이 덜 신선할 수도 있습니다.'"

"뭔가 허를 찔린 기분이네요. 보통은 조금 과장을 보태서라도 '신선하고 맛있는 산지직송 수박' 뭐 이런 광고를 할 텐데요."

"다른 백화점 매장에선 그랬지. 하지만 결과가 어떻게 나왔는지 아나? 처음엔 손실이 있기도 했지만 결국 유니버스의 압도적인 승리였다네. 그리고 그 이후로 오늘까지 변함없이 유니버스백화점의 캐치프레이즈는 '진실'이지. 고객은 왕이라는 말을 이보다 더 강력하게 어필하는 사건이 또 있겠나? 한때 업계에 새로운 바람을 몰아왔던 진실 마케팅을 고안하고 밀어붙여 오늘날의 유니버스백화점으로 성장시킨 장본인이 바로 한 실장이야."

'진실'이라는 말을 들었을 때부터 홍 대리는 묘하게 가슴이 울렁거리는 기분이 들었다. 자신 또한 현장에서 고객에게 진실하고 정성을 다하고자 노력해왔다. 그런데 한 실장도 그런 사람이었다니! 어떻게 해서든 그 사람과 함께 일하고 싶고, 그 사람에게 배우고 싶다는 마음이 강하게 들었다.

"이제 남극에서 냉장고를 어떻게 팔면 될지 해답이 보이나?"

수수께끼를 건네준 사람처럼 송 팀장은 홍 대리를 쳐다보고 있었다.

'송 팀장님의 말 속에 분명 힌트가 있을 텐데……'

홍 대리는 잠시 송 팀장이 했던 말들을 떠올렸다. 불현듯 뭔가 잡히는 것을 느꼈다.

"남극대륙에서 냉장고라…… 그곳에 냉장고가 필요한가?…… 냉장실……, …… 아, 알았다! 날씨가 너무 추우니 마실 물까지 꽁꽁 얼 수도 있겠네요!"

홍 대리는 흥분해서 외쳤다.

"마실 물이 필요하잖아요. 냉장고에 넣어두면 얼지 않은 물을 마실 수 있다는 진실을 알려주는 거예요."

송 팀장이 싱글벙글 웃으며 홍 대리를 바라보았다.

"우리 제품이 JK와 비교당할 때 늘 듣는 소리가 뭐지?"

"가격이 비싸다는 거요."

"그렇다면 그것을 단점으로 지적할 것이 분명한 유니버스 측에 어떻게 장점으로 부각시킬 텐가?"

"솔직하게 인정하겠어요. 하지만!"

"하지만?"

"덧붙여 이렇게 말하겠어요. 당당하게요. 가격이 비싸다고요? 맞습니다. 그럴 수밖에 없지요. 저희는 고객이 높은 가격을 기꺼이 지불할 만큼 뛰어난 제품만을 만드니까요."

"바로 그거야. 높은 가격, 엣지 없는 라인, 지나치게 튀는 색상 등 고객들은 모든 것을 이유로 어떤 불평이라도 할 수 있지. 고객의 소리를 진심으로 귀담아 듣고 회사 측에 전달해 제품의 질을 높여가는 것도 필요한 일이지. 하지만 우리의 본령이 무엇인가?"

"세일즈입니다."

"세일즈는 기회야. 9회 말 투 아웃 투 쓰리 풀 카운트 상황에서도 역전의 찬스는 남아 있는 법이지. 하지만 찬스조차 없을 땐 어떻게 해야 하겠나?"

"만들어야죠."

"바로 그거야. 어떤 순간에도 자네는 프로 세일즈맨이라는 것을 잊지 말게."

# 세일즈 베이비가
# 세일즈맨이 되는 날까지

홍 대리는 송 팀장의 격려를 받은 후 용기백배해서 유니버스 백화점을 찾아갔다. 그러나 지금이라도 당장 계약을 따낼 수 있을 것 같은 마음과 달리 현실은 냉혹했다. 기획실 직원으로부터 '실장님은 외출 중'이라는 말만 들었을 뿐이다.

"아, 얼굴을 봐야 냉장고를 팔든 펭귄이 되든 할 것이 아니냐고요."

넋두리를 하며 길을 걷던 홍 대리의 발걸음이 늘 가던 곳을 향했다. 은서는 손님과 한창 이야기 중이었다.

"전 그냥 늘 신던 대로 낮은 굽으로 할래요."

"플랫슈즈도 귀엽지만 높은 힐이 손님한텐 더 잘 어울려요."

"그래요? 저도 신고는 싶은데 자신이 없어요. 다리도 안 예쁘고."

"저를 믿어보세요. 제가 다른 건 몰라도 손님들께 잘 어울리는 신발 하나는 기가 막히게 볼 줄 알거든요."

은서는 빨간 하이힐을 꺼내더니 무릎을 꿇고 정성껏 손님의 발에 신겨주었다. 홍 대리는 가게 한쪽 구석에 선 채로 그 모습을 가만히 지켜보았다. 은서는 손님의 발에 딱 맞는 신발을 찾아 신겨줄 때가 가장 행복하고 짜릿하다고 했다.

늘 선머슴 같고 장난기 가득한 은서였지만 그 순간만큼은 어느 누구보다 진지하고 멋진 모습이었다. 자신의 일을 사랑하는 사람만이 가질 수 있는 자신감이 은서를 가득 감싸고 있었다.

홍 대리는 자신 또한 고객을 도울 때 정말 행복하다는 사실을 깊이 느끼고 있었다. 사람이야말로 세일즈의 전부라고 해도 과언이 아니었다. 일에 지쳐 피곤에 떡이 되어도 고객의 웃는 얼굴을 보면 기운이 났다. 하지만 지금은 자신이 그렇게나 오매불망 만나고 싶어 하는 고객의 얼굴조차 보지 못하고 있는 상황이다.

벌써 두 달째였다. 메일을 보내고, 전화를 하고, 트위터 팔로잉을 하고, 페이스북에 친구 요청까지 했다. 그런데도 상대는 묵묵부답이니 속이 시커멓게 타서 문드러질 판국이었다.

"어머나!"

거울 앞에 선 손님이 깜짝 놀라는 얼굴을 했다.

"어머, 어머. 어떡해."

"어때요? 진짜 예쁘죠?"

무심코 거울을 본 홍 대리도 거울 속에 비친 두 사람의 환한 웃음을 따라 미소를 지을 수밖에 없었다. 마치 그 사람을 위해 만들어진 듯 빨간 하이힐을 신은 모습이 근사했다.

"손님은 발목이 가늘어서 힐이 잘 어울려요. 종아리 두껍다고 힐은 안 신으셨죠? 대신 발목이 가늘잖아요. 단점만 가리려고 하는 것보단 장점을 부각시키는 게 자신을 더 멋져 보이게 하죠. 자신 있게 자주 신으세요."

은서는 얼굴 가득 웃음을 띤 손님을 문밖까지 따라 나가 배웅하더니 들어오자마자 한 마디를 날렸다.

"오! 왔냐, 세일즈 베이뷔~."

"어엿한 세일즈맨에게 베이뷔가 뭐냐, 베이뷔가."

'세일즈 베이뷔'는 홍 대리가 은서에게 고민을 털어놓은 이후 새로 붙은 별명이었다. 물론 지은 사람은 은서였다. 대놓고 항의를 했지만 '그따위 클레임'은 어림도 없다는 듯 은서는 홍 대리의 눈앞에 손가락 하나를 척 세우더니 좌우로 흔들었다.

"오~노! 아가야, 넌 아직 베이뷔~. 백화점 입점이라든가 뭐 그런 걸 따내면 그땐 내가 세일즈 보이 정도로 인정해주마."

손님을 대할 때와는 백팔십도 다른 이 태도를 누가 보긴 봐야할 텐데, 라고 생각하며 홍 대리는 혀를 쯧, 찼다. 단무지 신세에서 겨우 벗어났나 했더니 본명으로 불릴 날은 아직도 한참이나 먼 듯했다.

"세일즈 보이는 또 뭐냐? 기왕이면 세일즈맨으로 해줘라."

"베이뷔가 사춘기도 안 겪고 어른이 되면 못 쓰는 법이다. 우리나라가 왜 힘든지 아냐? 애늙은이가 많아서 그래요."

가끔 은서가 하는 소리는 분명 한국어가 맞건만 먼 나라 말처럼 알아들을 수 없을 때가 있었다. 하지만 더 이상 설명하지 않고 리듬까지 타면서 베이뷔 – 베이비가 아니라 베이뷔~였다 – 라고 부르다가 자기 흥에 겨워 '베베 베베~'라고 외치며 롤리폴리 춤까지 춰대는 은서를 보니 화를 낼 수도 없어 피식 웃고 말았다.

# 사랑에 빠지면 나타나는 증상

"근데 베이뷔, 오늘 왜 그래?"

"응? 뭐, 뭐가?"

"해맑은 베이뷔가 아니라 죽도 못 얻어먹은 얼라 같잖아."

"뭐? 하긴 배가 고프긴 하다."

홍 대리는 아닌 게 아니라 배가 고팠다. 그것도 아주 몹시. 그러나 배만 고팠다면 뭐든 먹어서 채울 수 있으련만 이 헛헛한 마음은 무엇으로 어떻게 채워야 할지 모르는 게 문제였다.

"자장면 시켜줄까? 물론 돈은 네가 내고. 기왕이면 내 것도."

"됐다. 입맛 없어."

"입맛 같은 소리 하네. 자장면 맛으로 먹는 거지."

"됐다고. 먹고 싶지 않다고!"

"야, 단무지 베이뷔."

"하나로만 불러줘라. 정체성에 혼란 온다. 그나저나 뭐 하나만 물어보자."

"뭔데?"

"답답하고, 미치겠고, 보고 싶어 죽을 것 같고. 이 증상이 도대체 뭐냐?"

"흐음, 너 요즘 연애 하냐?"

"내가 너냐? 다시 잘 생각해봐."

은서는 고개를 이리 갸웃, 저리 갸웃, 벽도 보았다가 천장도 보았다가 바닥도 보았지만 3분을 넘기지 않고 확신에 찬 어조로 말했다. 은서가 컵라면이 익는 시간 이상 고민하는 일은 오직 신발과 관련한 일뿐이었다.

"사랑이야, 사랑. 암만 생각해도 내가 사랑에 빠졌을 때 증상이랑 똑같단 말이다. 게다가 단순 무식한 네가 연애가 잘 안 풀릴 때 빼고 언제 고민이란 걸 했었냐?"

사랑? 연애? 문득 홍 대리의 머릿속에 어떤 생각이 스쳤다. 은서의 말이 틀린 것만은 아니었다. 자신이 이렇게까지 고민하는 걸 보면 세일즈와 사랑에 빠진 것만은 틀림없는 것 같았다. 하지만 보답 없는 이 짝사랑을 도대체 어디에서 보답 받는단 말인가.

"누군데? 이 형님한테 털어놔 봐."

은서는 눈을 반짝이며 홍 대리 턱 밑으로 얼굴을 들이밀었다.

은서는 가끔 홍 대리를 자신의 형제처럼 여길 때가 있었다. 물론 자매처럼 여길 때도 있었다. 어느 쪽이든 홍 대리로서는 도무지 그 머릿속에 뭐가 들었는지 짐작할 수도 없고 종잡을 수도 없었지만.

"됐고. 신발이나 하나 줘봐. 사이즈는 235."

"애인 주게?"

"여왕님 드릴 선물이다. 나이는 53세. 세련되고 예쁜 걸로 줘."

은서가 낮게 휘파람을 불렀다. 그러더니 불타는 눈으로 홍 대리의 어깨를 꽉 잡았다.

"넌 훌륭해! 잘할 거야! 할 수 있어! 가능하다! 널 믿는다!"

"갑자기 왜 이래?"

흐흐흐, 웃음을 흘리던 은서가 눈을 빛내며 말했다.

"네 고객은 곧 미래의 내 고객. 우리 가게 예쁜 신발 많은 거 알지?"

# 어려울 때일수록 적극적으로

"여왕님은 어떤 분?"

"아직 몰라. 얼굴도 못 봤다."

"얼굴 못 본 거랑 고객이 어떤 사람인지 파악하는 거랑 무슨 상관?"

홍 대리는 요즘 은서에게 깜짝 놀랄 때가 많았다. 말 한마디로 자신을 꼼짝 못하게 하는 일이야 예전이나 지금이나 마찬가지였지만, 어느 순간 대화의 내용이 확연히 달라졌던 것이다. 확실히 자신의 가게를 시작하면서부터인 것 같았다. 은밀한 미소를 짓던 은서가 구석에 가더니 노트를 한 권 가져왔다.

"이건 내 극비문서인데 넌 친구니까 특별히 보여주마. 자식, 영광인 줄 알아. 이건 며느리도 모르는 거야."

너한테 며느리가 어디 있냐고 한마디 하려다가 홍 대리는 은서가 내민 노트를 보았다. 가나다순으로 가지런하게 기록된 고객의 이름 밑에는 발 사이즈, 휴대폰 번호, 사는 지역, 처음 방문한 날짜는 물론 그 동안 그 고객이 샀던 제품의 모델과 취향, 나누었던 대화까지 꼼꼼하게 적혀 있었다. 얼마나 자주 들여다보았는지 겉장이 너덜너덜하게 해졌는데 보라색 색지 위에 비닐로 곱게 싸여 있었다.

"이게 뭐냐?"

"나의 영업 노하우지. 넌 고객 분류를 어떻게 하고 있어?"

자연스럽게 은서와 이런 이야기를 나눌 날이 오리라곤 꿈에도 생각하지 못했다. 하지만 어쩐지 즐거웠다. 은서를 만나면 늘 재미있었지만 일과 관련해서 대화가 통화는 기쁨은 특별한 느낌이었다.

"보통은 파일에. 노트북에 폴더도 따로 만들어놓고."

"VIP 고객은?"

"그건 따로 만들진 않고…… 어차피 파일에 정보는 다…….”

순간 머리를 스치는 생각이 있었다. 한 실장은 분명 차별화가 필요한 고객이었다. 그런데 자신은 여전히 자신이 하던 방법대로만 하고 있었던 것이다. 더 소중하고 덜 소중한 고객이 따로 있는 것은 아니었다. 하지만 지금까지 소개에 의해 신규 매장을 개척했다면 한 실장은 자신의 힘으로 뚫어야 하는 상대였다.

어려운 때라는 것은 더 적극적으로, 더 공격적으로, 더 강하게, 더 자신감 있게 행동해야 할 시점이라는 뜻이었다. 은서가 포장한 신발을 홍 대리에게 건네며 말했다.

"내가 말이다, 너를 모르고 지냈던 날보다 알고 지낸 날들이 훨씬, 오래, 지겹게 길었지만 말이다, 요즘처럼 생기 있어 보였던 베이뷔는 처음이다. 보기가 아주 좋아. 베이뷔, 넌 그 일이 천직인가 봐. 나의 신발 사랑을 따라오려면 아직 멀었지만."

"또냐, 사랑이라니, 쯧. 말은 바로 해야지. 너의 그 광기에 누가 감히 범접이나 할 수 있겠냐."

은서의 어퍼컷을 피하며 홍 대리는 계속 은서를 놀렸다. 은서도 지지 않고 홍 대리의 찌질했던 과거 연애사를 꺼냈다. 홍 대리는 은서와 툭탁거리는 동안 다시 웃을 수 있는 여유가 모락모락 가슴 안에서 피어나는 것을 느꼈다.

살면서 이렇게까지 절실하게 고민한 적은 없었다. 슬프고 좌절한 적도 없었다. 분하고 속상하고 그러면서도 잘하고 싶은 마음에 속이 탔다. 어쩌면 은서 말대로 정말로 세일즈가 자신의 천직일지도 모른다는 생각이 들었다. 그렇다면, 더욱 여기에서 물러설 수는 없었다.

"아, 그런데 이 노트 색깔엔 무슨 의미가 있냐?"

"보라색? VIP용이니까."

"특별히 보라색을 쓰는 이유라도 있어?"

홍 대리는 어느새 은서가 색채 심리학을 이용한 세일즈마케팅이라도 하고 있는지 궁금해졌다. 정말이지 자신보다 늘 한 발 앞서 나가는 은서라고 감탄하지 않을 수 없었다.

"당연히 있지. 브이아이피잖아."

"……?"

"보라색! 브이. 아이. 피! 'ㅂ'이 같잖아."

은서는 뭘 그렇게 당연한 걸 물어보냐는 표정으로 앞에 있던 신발을 한 손에 한 짝씩 끼더니 '베베 베베~' 하면서 다시 롤리폴리 춤을 추기 시작했다. 기우제를 지내는 인디언 같은 은서를 차마 더 이상 볼 수가 없어 홍 대리는 슬며시 가게를 빠져나왔다.

아, 진짜! 친구지만, 적응하기 너무 힘들다니까.

# 세 번째 미션, 반복해서 강렬하게
# 성공한 모습을 그려라

신 원장은 약속 시간 5분 전에 정확히 나타났다. 몇 번을 만나도 어김없는 시간관념이었다. 몸 안에 스위스 시계라도 장착되어 있는지 혹시 10분 전에 도착해도 근처에 있다가 딱 맞춰 들어오는 건지 그 엄격함과 정확성에는 경의를 표할 수밖에 없었다.

"여쭤보고 싶은 게 있는데요."

"뭔데요?"

"어떻게 항상 5분 전에 딱 맞춰 들어오세요?"

"그야 30분 전에 미리 오니까요."

예상하지 못한 답변이었다. 신 원장의 영향으로 홍 대리도 약속 시간은 철저하게 지키고 있었다. 그러나 대개는 10분 전에 도착하는 정도였다.

"그런데 왜……?"

"미리 앉아 있지 않냐고요?"

"네."

"혼자 조용히 마인드콘트롤을 하고 오니까요."

"마인드콘트롤이요?"

"차분한 마음으로 오늘 만남을 그려보죠. 대화를 어떤 식으로 이끌어나갈 것인지, 상상 속에서 상대를 앞에 놓고 드라마를 보듯 머릿속으로 미리 그림을 그리는 거예요. 자신이 원하는 결과를 이미 이룬 모습을 그려보는 것, 이것이 홍 대리님께 드리는 세 번째 미션이랍니다."

신 원장은 무엇보다 긍정적인 태도로 성공한 자신을 또렷하게 그려보는 것이 중요하다고 했다.

"마인드 콘트롤이 왜 중요한가요?"

"스스로 동기를 부여하는 능력을 기르기 위해서죠. 물론 성과나 칭찬도 동기부여가 되지만 가장 중요한 것은 내가 왜 세일즈를 계속하는가, 스스로에게 묻고 당당하게 답할 수 있어야 하니까요. 홍 대리님은 왜 세일즈를 하시나요?"

"……."

"연봉 1억을 받고 싶어선가요?"

"처음엔 그것이 이유였지만…… 지금은 그것 때문만은 아닌 것 같아요. 현장에 있을 때 가장 생생하게 살아 있다는 느낌을 받거든요. 그 살아 있다는 느낌, 목표를 이뤄냈을 때의 짜릿함, 제 존재가치, 그리고 누군가의 성장을 돕는다는 기쁨…… 이 모든 것이 제게 활력을 줘요."

"그렇다면 더욱 성공한 자신을 영상으로 그려보는 작업이 도움이 될 거에요."

"구체적으로 어떻게 하면 되나요?"

"간단해요. 원하는 것을 얻은 장면을 반복해서 강렬하게 머릿속에 그려보는 거죠. 얻기 위해 노력하고 좌절하고 극복하는 과정이 아니라 이미 성공한 결과를요."

"정말 그것만 하면 되나요?"

"중요한 건 어떤 순간에도 '반복해서, 강렬하게'라는 거예요. 테크닉과 스킬은 배울 수 있죠. 하지만 스스로 동기를 부여하는 능력은 스스로 노력해서 뼛속 깊은 곳에 습관으로 익혀놓아야 해요."

홍 대리는 결연한 표정으로 고개를 끄덕였다. 지금 자신에게 부족한 것이 내적 동기부여가 되지 않는다는 점, 바로 그것이기 때문이다.

# 글래스비치의 파도처럼

신 원장과 대화를 나누다보면 역시 자신은 아직 베이뷔라는 게 역력하게 드러났다. 홍 대리는 다시 순순하게 자신의 어려움을 털어놓았다.

"그래서 몇 달째 연락도 안 되고, 이제 슬슬 지쳐갑니다. 안 되는 걸까요?"

이야기를 다 듣고 난 신 원장이 물었다.

"홍 대리님, 바다 좋아하세요?"

"네, 좋아하긴 하는데…… 갑자기 바다는 왜……?"

"미국 캘리포니아 브레그 해안에 글래스비치라는 곳이 있어요. 아름다운 바닷가는 많지만 글래스비치는 특별해요. 온갖 색깔들로 빛나는 유리돌 때문이죠. 작고 동글동글한 유리 조각들이 마치 보석처럼 해변을 가득 메우고 있거든요."

"유리돌요……?"

"처음엔 쓰레기 매립지였다고 해요. 주민들의 생활쓰레기뿐만 아니라 전국 각지에서 몰려든 산업쓰레기에 심지어는 폐차들 때문에 악취는 물론 소음에 방화까지 기승을 부리니 주민들이 살 수 없을 지경이 되었다고 하죠. 이런 상황에서 만약 홍 대리님이 거기 주민이었다면 어떻게 하시겠어요?"

"자신들의 생활 터전을 살리기 위한 행동을 하거나 다른 곳으로 이사를 가거나 하겠죠. 하지만 저라면 그렇게 쉽게 떠나는 건 억울하니까 남아서 노력을……."

말하고 나서야 아, 하고 감이 잡히는 데가 있었다. 말을 하다 말고 입을 다문 홍 대리를 보며 신 원장이 계속 말을 이었다.

"대부분의 주민들도 홍 대리님과 같은 결정을 했어요. 쓰레기를 치우고 더 이상 쓰레기를 매립하지 못하도록 했죠. 그리고 정화가 될 때까지 무기한으로 해안가를 폐쇄했어요."

"그래서 어떻게 되었나요?"

"40년쯤 세월이 흐른 후 사람들이 다시 찾아갔을 땐 해변 전체가 놀랍도록 아름다운 유리돌로 가득 차 있었죠. 세상 어디에서도 찾아볼 수 없는 풍경이었어요."

"어떻게 그런 일이? 몇 십 년 동안 사람들이 발을 들여놓지 않았는데……?"

"사람들은 없었지만."

신 원장은 잠시 생각에 잠긴 듯 말을 끊더니 다시 이어나갔다.

"파도가 있었죠. 깨지고 부서지고 날카롭게 조각난 유리 파편들을 매 순간 파도가 부드럽게 쓰다듬은 거예요. 보기 싫던 유리 파편들마저 보석처럼 아름다운 유리돌로 변하게 하는 파도의 힘이란 건 정말 굉장하죠?"

"파도의 힘……."

"살다 보면 때로는 '여기까지'라며 두 손 들고 싶은 때가 있죠. 혼자 힘들게 길을 가다 넘어질 수도 있어요. 태어나 한 번도 넘어지지 않고 걷기를 배운 사람은 없을 거예요. 넘어지면 어떻게 하냐고요? 그냥 무릎에 힘주고 다시 일어나면 돼요."

홍 대리는 가만히 신 원장의 이야기에 귀를 기울였다. 신 원장의 목소리는 날카로운 유리 파편을 동그란 유리돌로 만든 파도처럼 홍 대리의 가슴을 적시고 있었다.

"전 한 번도 거절당하지 않는 세일즈 같은 건 몰라요. 다만 거절당했을 때 그 '한 번'의 거절을 흔쾌히 받아들여야 한다는 건 알죠. 물론 거절당하는 일은 괴로운 일이에요. 하지만 내가 거절당했다는 것을 깨끗이 인정하고 나면 다음 번 행동을 취할 수 있어요. 중요한 건 몇 번 거절당했느냐가 아니라 몇 번 시도했느냐 하는 거니까요."

홍 대리는 가만히 고개를 끄덕였다.

"내가 포기하기 전까진 아무 것도 끝난 게 아니에요. 그러니까 아직 실패한 건 아니죠. 단지 성공하기까지의 과정이 다른 때보다 조금 더 긴 것뿐이에요."

"아무리 노력해도 이 과정의 끝이 결국 실패로 끝날까 봐 두려워요."

"설령 지금 당장 이 경험이 '실패'로 보일지라도 그것이 나중에 어떤 기회로 올지는 아무도 모르는 법이죠. '닫힌 경험'으로 만들지 마세요. 언제나 가능성을 열어두세요. 홍 대리님을 가장 심하게 좌절시키고 있는 그 분이 미래의 가장 중요한 키맨이 될 수도 있으니까요. 힘들게 시작한 일일수록, 과정이 치열할수록, 어떻게 끝낼지를 생각해보세요."

"제가 바라는 결말을 긍정적으로 반복해서, 강렬하게 생각하라는 말씀인가요?"

신 원장은 빙긋이 웃으면 고개를 끄덕였다.

"전 그것을 '실현될 희망'이라고 부른답니다."

# 세포 하나하나가 깨어나는 새벽

은서에게 전화가 온 것은 새벽 두 시였다. 잠에 곯아떨어져 있던 상태라 끈질기게 들리는 소리가 휴대폰 벨소리라는 것을 알아듣는 것만 해도 한참이나 걸렸다.

"베이비, 지금 당장 나와."

"……은서? 지금 몇 시야? 무슨 일인데?"

"5분 기다린다."

밑도 끝도 없이 전화가 뚝 끊겼다. 5분이라는 말에 정신이 번쩍 들었다. 옷만 대충 챙겨 입고 집 밖으로 나가니 평소보다 멋지게 차려입은 은서가 커다란 가방을 맨 채 대문 앞에 서 있었다.

"택시 잡아."

"어디 가는데?"

"가보면 알아."

어두컴컴한 새벽길을 달려 도착한 곳은 남대문 시장이었다. 이른 새벽이었는데도 가게마다 환히 불을 밝히고 활기찬 에너지가 넘쳐흐르고 있었다. 부지런히 움직이는 사람들, 웃음소리, 수많은 물건들이 진열된 시장은 그 자체로 살아 있는 세계 같았다. 생생한 열기의 현장 한가운데를 통과하려니 세포 하나하나가 깨어나는 느낌이 들었다.

은서는 익숙한 듯 골목골목을 누비며 사람들을 헤치고 걸었다. 은서의 열정이 어디에서 오는지, 힘의 근원이 어디에 있는지 어렴풋이 알 것도 같았다. 그것은 현실과 생활에 바탕을 둔 건강함이었다. 어떤 상황에서도 주눅 들지 않고 기죽지 않고 당당한 은서에 비하면 자신은 그저 우물 안 개구리였다는 것이 실감나는 순간이었다.

"어머, 예쁜 언니, 어서 와."

"신상 나온 거 있어요? 샘플로 가져가고 싶은데."

은서는 물건을 보고 고르고 흥정까지 척척 했다. 홍 대리 눈에는 비슷비슷하게 보이는 신발이었건만 은서의 손이 닿는 순간 그 신발만 특별히 눈에 띄고 예뻐 보였다. 은서는 알 수 없는 마법의 손을 가진 듯했다.

목적을 달성한 은서와 포장마차에서 우동을 먹던 홍 대리는 은서를 집 앞에서 처음 본 순간부터 궁금하던 것을 물었다.

"새벽시장 오는데 왜 이렇게 곱게 차려입고 와?"

"우리 가게 주인공인 신발을 모시러 오는 곳에 내가 아무렇게나 입고 올 수 있냐? 최대한 멋지고 예쁘게 입고 와서 제일 근사한 신발만 데려가는 거지."

"……."

"그리고 후줄근하게 입고 왔을 때랑 멋지게 입고 왔을 때랑 대우받는 게 좀 다르거든."

홍 대리는 예전에 은서가 껍데기부터 꾸미라는 말을 했던 것이 기억났다. 자신의 경험에서 우러나온 말이었던 것이다. 내색은 하지 않아도 오늘날의 은서가 되기까지 수없이 많은 실패와 경험과 실수를 겪었을 것이었다.

"고맙다."

홍 대리는 은서에게 진심으로 고맙다는 말을 했다. 오늘 새벽시장에서 느낀 감동과 생기를 홍 대리는 오랫동안 잊지 못할 것 같았다. 새로운 기운이 솟았다. 홍 대리는 무럭무럭 김이 오르는 우동국물보다 뜨거운 결의를 다졌다.

'길이 막혔다면 뚫고 나가자! 길이 없다면 새로 만들자!'

"베이뷔. 넌 충분히 괜찮아. 슈퍼 베이뷔니까."

"나 다시 한 번 힘낼 거야. 반드시 해낼 거다."

누가 먼저랄 것도 없이 홍 대리와 은서는 손을 들어 올려 하이파이브를 했다. '짝!' 공중에서 손바닥 부딪치는 소리가 아침공

기처럼 상쾌했다. 환한 웃음을 얼굴 가득 띤 채 은서가 기분 좋게
말했다.

　"우동 값은 네가 내는 거다."

# 공 하나만 더

출근하자마자 홍 대리는 송 팀장부터 찾았다.

"팀장님! 유니버스백화점 입점 건은 제가 꼭 해내겠습니다."

결의에 찬 홍 대리의 말에 송 팀장은 잠시 할 말을 잃었다. 하지만 빛나는 눈동자를 하고 자신을 똑바로 바라보는 홍 대리를 보니 오랜 시간 현장을 누벼온 베테랑의 촉이 움직였다. 믿어도 좋다는 감이 왔다.

"좋아. 다시 한 번 부딪쳐보자구."

"그래서 말인데요, 팀장님께 좀 도움을 받고 싶습니다."

홍 대리는 유니버스백화점 건으로 그동안 고민하고 정리한 안건을 요목조목 설명했다. 매장관리, 판매 매니저와의 인터뷰, 소비자 트렌드를 분석한 자료, JK의 장단점, 아우로만의 경쟁력, 유니버스백화점 소비자 동향 분석, 아우로 입점 시 타 백화점과 구별되는 유니버스백화점만의 이미지 경쟁력 등 객관적인 자료와 자신의 의견을 쓴 보고서를 하나씩 넘기며 말을 이었다.

"무조건 구매담당자인 한 실장만 만나려고 했던 것이 제 실수였던 것 같습니다."

세일즈의 해답은 현장에 있다는 것을 알면서 왜 백화점 아웃도어 판매자들의 의견을 들을 생각을 하지 못했을까. 홍 대리의 분석에 송 팀장도 고개를 끄덕였다.

'목표에 집중하라!'

홍 대리는 세일즈 제1법칙이라고 할 수 있는 이 말을 다시 한 번 되새겼다. 생각이 복잡할수록 이 말을 반복해서 말하다보면 신기하게도 거품처럼 들끓던 상념들이 사라지고 자신이 어떻게 해야 할지 행동플랜이 떠오르는 것이었다.

"판매총괄 정 실장님과 친분이 있으시죠?"

"응. 오래 알고 지낸 사이지."

"그럼 그쪽은 팀장님께서 맡아서 지원사격 해주세요."

"알았네. 구매부와 판매부가 의견이 다를 수도 있으니까."

"일방적으로 구매부의 의견에 따라야 하는 일이 많았다면 판매부의 불만이 쌓여 있을 수도 있을 것 같아요. 그렇다면 그런 심리를 최대한 저희 쪽에 유리하게 움직여보는 거죠."

"우리 제품이 들어가는 게 유리하다는 걸 중점적으로 알려야

겠군. 아웃도어 전체 매장의 총매출 또한 확실하게 보장된다는 것도. 곧 한류스타인 윤건과 여성 최고 아이돌인 유안을 모델로 대대적인 광고를 할 거라는 점도 슬쩍 흘리고 말이야. 좋은 생각이야. 그럼 홍 대리는?"

"전 다시 한 번 한 실장님을 설득해보겠습니다."

"만나지도 못하는 사람을 무슨 수로?"

"수로는 물길이고요."

홍 대리는 헤벌쭉 웃었다. 쉽게 풀이 죽긴 해도 금방 되살아나고, 금방 기가 죽어도 긍정적인 마음만은 죽지 않는 것이 홍 대리의 장점이었다.

"그런데 진짜 어떻게 된 거야? 며칠 전까지만 해도 다 죽어가더니."

"공 하나만 더 쳐보려고요."

"응? 공? 무슨 공?"

"예전에 팀장님께서 그러셨잖아요. 핀치에 몰린 순간일수록 선수들은 오직 눈앞의 공 하나만을 생각한다고. 그래서 저도 그렇게 해보려고요."

"지금이 위기라는 뜻인가?"

"네. 하지만 기회라고도 생각해요."

"위기는 오히려 기회다……."

"전 원래 단순하고 무식해서 오래 고민을 못 하거든요. 그래서 이렇게 마음먹기로 했어요. 제가 세일즈를 하면서 가장 중요하다고 생각한 게 성실과 끈기거든요. 지금이야말로 그것을 시험해볼 좋은 기회잖아요. 제가 한번 한다면 하는 성미라 고집이 고래심줄보다 세거든요."

"하하하하. 나까지 용기가 솟는 걸. 좋았어! 내가 오늘부터 이 계약 성사시킬 때까지 매일 매일 빨간 넥타이다!"

# 시도하라,
# 한 번도 실패하지 않은 것처럼

홍 대리는 유니버스백화점 입점을 위한 전략을 짜고 실행에 옮기는 동시에 기존 고객관리에도 더욱 힘을 쏟았다. 새벽시장에서 활기에 넘치는 에너지를 느낀 후 자신의 마음에도 큰 변화가 일어난 것을 느꼈다.

유니버스백화점 건에 최선을 다해 임하면서는 조금씩 자신도 모르게 능력이 커진 것 같았다. 처음 세일즈를 시작한 때와 비교하면 놀랄 만한 변화였다. 현장에서 쉬지 않고 부딪쳤던 것이 홍 대리를 성장시킨 원동력이었다.

'할 수 없는 일에 매달리고 좌절하기보다 할 수 있는 일에 집중하자!'

새로운 마음으로 최선을 다했다. 더 부지런하게 움직였고 더 많은 아이디어를 냈다. 한 번 겪은 좌절은 작은 성공에 나태해졌던 마음을 일으키고 세일즈에 대한 열정을 다시 불러일으키는 계기가 되었다.

'내가 포기하기 전까지는 아직 끝난 것이 아니다.'

홍 대리는 이미 파악한 것에 덧붙여 더욱 면밀하게 정보를 모았다. 한 실장의 인맥, 취미, 라이프스타일을 정교하게 다듬으며 '이 사람은 어떤 사람인가?'를 끊임없이 생각했다. 그러자 예전에는 보이지 않던 감정이나 생각까지 덧붙여져 한층 더 선명한 그림이 그려지기 시작했다.

그와 동시에 구체적인 행동방침을 정해 매일 실행으로 옮겼다. 한 주에 한 번씩 보내던 이메일을 매일 아침마다 보냈다. 아우로의 신상품에 대한 정보를 줄 때도 있었고, 아웃도어 전체 동향에 대한 기사를 보내기도 했다. 제품에 관련된 정보 말고도 책에서 읽은 좋은 구절이나 아름다운 시 한 편을 보낼 때도 있었다. 고객과 있었던 재미난 에피소드나 감동적인 사건도 적어 보냈다.

페이스북 친구는 아직 되지 못했지만 매일 점심시간마다 트위터로 멘션을 날렸다. 화요일과 목요일은 유니버스 기획실을 찾아가는 날로 정하고 오후엔 간식을 들고 갔다. 간식은 같은 종류라도 한 실장 것과 직원들이 먹을 것을 항상 따로 준비했다. 먹을 것만이 아니라 예쁜 스카프나 커다란 장미바구니를 들고 갈 때도 있었다. 상대가 부담을 느끼지 않으면서도 마음이 움직일 만한 것이 무엇인지 늘 고민하며 마음의 문이 열릴 때가 언제일지 타이밍을 찾았다.

이렇게 두 달이 지나자 기획실 직원들과 제법 친해져서 밥도 같이 먹는 사이가 되었다. 그러나 여전히 한 실장의 얼굴은커녕 그림자조차 볼 수 없었다. 송 팀장은 송 팀장대로 자신이 아는 인맥을 총 동원하고 있었다. 하지만 눈에 띌 정도로 희소식은 없는 상태였다.

그래도 홍 대리는 좌절하지 않았다. 포기하지 않았다. 대신 자신이 하기로 정한 일을 매일 신나게 열정적으로 할 따름이었다. 아무리 뛰어난 세일즈맨이라고 해도 매일 거절당한다고 했다. 이 정도는 아무 것도 아니었다.

매일 밤 강한 희망을 품고 '자신이 바라는 긍정적인 결과'를 그리며 선명하게 이미지로 그려본 후 잠자리에 들었다. 아침에 일어나서 제일 먼저 하는 일도 자신이 바라는 결과를 강력하게 외치는 일이었다.

"뜨거운 홍! 불타는 홍! 홍초보다 매운 홍! 가자, 가자, 가자!"

# 당신이 있어 행복합니다

'오늘 한 실장님 생신인데…….'

선물은 이미 준비해두었다. 큼직하고 화려한 리본을 달아 멋지게 포장을 했다. 손 글씨로 정성껏 편지도 써두었다. 다만 어떻게 전하느냐가 문제였다. 사무실 창밖을 보고 있으려니 갑자기 비가 쏟아졌다. 휴대폰 벨이 울렸다. 유니버스백화점 기획실의 이 대리였다.

"이 대리님? 잘 지내시……."

"홍 대리님, 급한 일이에요."

이 대리가 말을 끝내기도 전에 홍 대리는 자리에서 벌떡 일어났다.

"네? 정말입니까? 아, 네…… 네. 알겠습니다. 한 가지만 더요!

한 실장님 차량번호가 어떻게 되죠? 네. 고맙습니다. 제가 다시 전화드릴게요."

오후 4시부터 JK의 프레젠테이션이 있다는 정보였다. 시간이 촉박했다. 본능적으로 몸이 움직이고 있었다. 무작정 일단 JK본사로 가야겠다는 생각만 들었다. 홍 대리는 사무실 책상 맨 아래 칸 서랍에 고이 모셔두었던 선물과 우산을 챙겨들고 바람보다 빨리 달려 나갔다.

JK본사 지하주차장에서 필사적으로 한 실장의 차를 찾았다. 오늘이 아니면 안 된다는 절박함이 밀려왔다. 지하 3층을 통째로 뒤져서라도 반드시 발견하고야 말겠다는 의지를 불태웠다. 다행히 엘리베이터 앞에 주차되어 있는 한 실장의 차를 발견했다. 늦지는 않은 것이다.

'포기하지 않는다! 괜찮다! 할 수 있다!'

홍 대리는 있는 힘껏 '올 이즈 웰'을 세 번 외치고 한 실장의 차로 다가갔다. 그때였다. '딩' 소리가 나더니 엘리베이터의 문이 열렸다. 그리고 누군가 걸어 나왔다. 홍해바다가 열리는 기적을 보듯 홍 대리는 엘리베이터의 문이 열렸다가, 다시 닫혔다가, 그 안에서 걸어 나오는 한 사람을 바라보았다. 본능적으로 한 실장이라는 것을 알아차렸다.

한 실장은 자신의 차 앞에서 선물상자와 장우산을 들고 서 있는 홍 대리를 의아하다는 듯 바라보았다.

"누구신지?"

"안녕하세요? 아우로 세일즈마케팅부의 홍진범 대리입니다."

자신이 누구인지 밝히자마자 한 실장의 표정이 굳어졌다. 그러나 홍 대리가 누구던가. 이 정도쯤은 가볍게 받아칠 수 있었다. 홍 대리는 되도록 밝은 미소를 지으며 한 실장에게 다가갔다.

"한 실장님, 오늘은 꼭 뵈어야 할 것 같아 실례를 무릅쓰고 찾아왔습니다."

"전 할 말이 아무 것도 없는데요."

예의를 깍듯하게 갖추었지만 가슴을 찌르는 비수 같은 말이었다. 그러나 홍 대리는 끄떡도 하지 않았다. 말이라면 송 팀장에게 단련될 대로 단련되어 있었다. 송 팀장의 강철 방망이 같은 말에 비하면 한 실장의 얼음 돋는 말은 솜방망이에 불과했다.

"귀찮게 해드렸다면 죄송합니다."

홍 대리는 허리까지 굽혀 정중하게 사과했다. 고개를 들자 한 실장의 표정이 아까보다 조금 누그러진 것이 느껴졌다. 타이밍. 언제든 사람의 마음의 문이 열리는 순간이 있었다. 틈을 놓치지 않고 홍 대리는 준비한 선물을 내밀었다.

"오늘 생신이시죠? 축하드려요. 밖에 비 옵니다. 차가운 비 맞으면 감기 걸려요. 바쁘신 분 붙잡고 긴 말 드리려고 온 것 아닙니다. 그럼 전 이만 가보겠습니다."

다시 한 번 정중하게 인사한 후 홍 대리는 고개를 들었다. 한 손에는 커다란 리본이 달린 선물상자와 다른 한 손에는 최고급 장우산을 받은 한 실장은 자신의 예상에서 빗나간 홍 대리의 태도에 약간은 놀라고 당황한 듯했다.

홍 대리는 다시 한 번 고개를 숙인 후 돌아서서 한 걸음 걷다 말고 멈추었다. 그리고 다시 한 실장을 바라보며 밝은 목소리로 외쳤다.

"앞으로도 이메일은 날마다 보내드릴 거고요, 트위터 멘션도 점심시간마다 날릴 겁니다. 페이스북 친구 요청도 마찬가지고요. 도움이 될 만한 저희 회사 자료도요. 한 실장님, 오늘 뵙게 되어서 정말 기뻤습니다. 한 실장님 덕분에 많은 것을 배우고 있습니다! 당신이 있어 행복합니다! 해피 버스데이 투 유!"

# 인내는 쓰다,
# 그러나 그 열매는 달콤하다

2주일이 지났다. 그러나 유니버스백화점에 JK가 입점하기로 결정되었다는 소문은 아직 들려오지 않았다. 홍 대리는 마지막 결론이 날 때까지는 아직 끝난 것이 아니라고 생각했다. 아니 설령 결정이 났다고 해도 자신이 해볼 수 있는 일이 있다면 뭐든지 해볼 각오를 하고 있었다.

평소처럼 한 실장에게 이메일을 보내려고 자신의 메일함을 연 홍 대리는 아침 일찍 전달된 메일의 제목을 읽고 두 손을 번쩍 들었다.

"송 팀장님!!!"

"왜, 왜 그래? 무슨 일이야?"

"한 실장님이…… 한 실장님이!"

거의 숨넘어갈 듯 한 실장을 부르는 홍 대리 옆으로 송 팀장이 뛰어왔다.

"한 실장이 왜? 죽기라도 했어? 어이, 정신 차려. 홍 대리!"

"한 실장님이……."

"그래, 한 실장이 뭐?"

"저한테…… 저한테……."

"홍 대리한테 뭐? 뭐가 온 거야? 자꾸 귀찮게 하면 고발이라도 하겠대?"

"제 친구 요청을 수락했어요!"

페이스북을 가리키며 이렇게 기쁜 일이 또 있냐는 얼굴로 홍 대리는 부르짖었다.

"아니, 페이스북 친구 정도 된 걸 갖고……."

딱히 성공이라고 축하할 수도 없는 상황이고 그렇다고 감격에 겨운 홍 대리에게 찬물을 끼얹을 수도 없어 송 팀장은 난감했다. 마침 울리는 전화벨이 그저 반가울 따름이었다.

"네. 아, 한 실장님."

한 실장이라는 말에 홍 대리의 눈이 휘둥그레졌다. 통화를 하는 동안 눈이 점점 커지기는 송 팀장도 마찬가지였다.

"아, 네. 알겠습니다. 곧 찾아뵙도록 하겠습니다."

송 팀장은 전화를 끊고 나서도 믿어지지 않는다는 표정으로 멍하니 홍 대리를 바라보았다. 단언컨대 세일즈마케팅부로 이동해온 후 한 번도 본 적이 없는 표정이었다.

"홍 대리."

전화를 끊은 송 팀장은 굳은 표정으로 홍 대리를 불렀다.

"왜, 왜 그러세요? 무슨 일인데요?"

"휴…… 한 실장이…….”

"한 실장님이 왜요?"

"그러니까 말이야…….”

"화 나셨어요? 제가 무슨 실수라도 했나요?"

"우리한테 기회를 주겠대."

송 팀장은 굳었던 표정을 펴고는 활짝 웃으며 말했다. 믿을 수 없는 일이었다. 홍 대리는 자신이 잘못 들은 것은 아닌지 몇 번이고 송 팀장에게 묻고 듣고 묻고 듣다가 기어이 송 팀장이 버럭 소리를 지르게 만들었다.

"그런데 단 한 가지 조건이 있대."

"그게 뭔데요?"

"프레젠테이션은 홍진범 대리가 직접 준비해주시기 바랍니다."

송 팀장이 한 실장의 말투를 흉내 내며 말했다.

"제가요?"

"그럼. 얼음 여왕을 녹인 건 홍 대리니까 당연히 주축이 되어야지. 축하하네!"

송 팀장은 홍 대리의 어깨를 얼싸안았다.

"기회가 왔으니 최선을 다하겠습니다."

어떻게 만들어낸 기회던가. 인생을 살아오면서 이렇게 최선을 다한 적이 있었나 싶을 정도로 사람에게도 일에도 정성을 다했던 홍 대리였다.

'우리에게 기회가 왔어! 아직 게임은 끝난 게 아니라고!'

승부는 지금부터였다. 찬스를 만들었으니 남은 일은 공 하나에 집중하는 것이었다. 대역전 드라마가 이제 막 펼쳐지려 하고 있었다.

# 다른 것을 생각하라

결전의 날이 밝았다.

평소보다 한 시간 먼저 출근 준비를 마친 홍 대리는 프레젠테이션에 빠뜨린 것은 없는지 마지막으로 살펴보았다. 예상 질문에 대한 답변, 이해타산이 다른 여러 부서의 의견을 모아야 하는 점, 경쟁업체인 JK를 뛰어넘는 아우로만의 장점 부각, 백화점 아웃도어 매장의 동향, 해외로의 진출 등 실전을 염두에 두고 리허설도 이미 완벽하게 세 번 이상 했다.

영상 자료를 한 번 더 점검한 후 차분하게 방바닥에 앉아 눈을 감고 자신이 원하는 이미지를 그려보았다. 신 원장에게 '자신이 원하는 것을 이룬 모습을 반복적으로 강렬하게 그려라'라는 세 번째 미션을 받은 날부터 하루도 빠짐없이, 수백 번 수천 번도 넘게 그렸다. 한 번 또 한 번, 아우로가 유니버스백화점에 입점해 있고 매장 가득 고객들이 넘치는 장면을 반복적으로 강렬하게 그릴 때마다 더욱 생생하게 다가왔다.

홍 대리는 고요하지만 강렬한 흥분감 속에서 눈을 떴다. 오늘 프레젠테이션은 성공할 것이고 아우로는 유니버스백화점에 당당하게 입점할 것이라는 확신이 섰다. 두려울 것은 없었다.

거울 속에 비친 자신의 모습을 보았다. 은색 슈트에 하얀색 와이셔츠, 파란색 넥타이. 차분하면서도 전문가라는 이미지를 주기에 부족함이 없는 차림새였다. 늠름한 세일즈맨이 자신을 향해 씩 웃고 있었다.

불을 모두 끈 캄캄한 회의실.

숨소리 하나 들리지 않는 긴장감 속에서 베토벤의 운명 교향곡이 장엄하게 흘렀다. 운명을 두드리는 소리를 모티브로 한 첫 도입부가 끝나자마자 프로젝트 빔이 화면을 밝히면서 하인리히 하러를 시작으로 크리스 보닝턴 경, 헤르만 불, 라인홀트 메스너, 엄홍길, 박영석, 허영호, 쿠리키 노브카즈 등 이름만으로도 쟁쟁한 산악인의 얼굴이 차례로 클로즈업 되었다. 그들의 업적이 연대순으로 얼굴과 함께 지나갔다. 그들이 입고 있는 옷을 보는 것만으로도 살아 있는 아웃도어의 역사를 보는 듯했다.

깊은 감흥에 젖어들 무렵 갑자기 음악이 경쾌한 걸 그룹의 노래로 바뀌었다. 등장인물들도 백화점을 찾은 평범한 가족으로 바뀌었다. 장난스럽게 모자를 쓰고 활짝 웃고 있는 아이의 모습, 점퍼를 거꾸로 입고 펄쩍펄쩍 뛰는 고등학생의 모습, 자신의 개성대로 등산복을 색다르게 입은 젊은 직장인의 모습과 고급스럽고 기능성이 뛰어난 등산복을 고르는 중년의 모습이 교차 편집되어 지나갔다.

마지막 영상은 한 가족이 다정하게 등산복을 서로에게 골라주며 각각 다른 옷을 계산대 위에 올리는 손이었다. 클로즈업된 다섯 개의 손 위로 단 하나의 문장이 나타났다.

"Think Different!"

아우로 제품에 대한 직접적인 설명은 영상 어디에도 없었다. 그러나 '다르게 생각한다'는 아우로의 정신만은 확실하게 전달했다. 영상 자료는 홍 대리가 가장 공을 들인 부분이었다. 직관적으로 일반적인 프레젠테이션과 다른 임팩트가 필요하다는 판단이 섰기 때문이다.

'눈길을 끌고 마음을 움직일 강력한 한 방!'

세일즈는 이성과 논리 이면에 감성이 꿈틀대는 세계였다. 마음을 움직이지 못한다면 절반의 성공에 불과했다. 머리로 이해한 것은 잊혀지기 쉬웠다. 그러나 가슴이 움직이면 그것은 영원히 꺼지지 않을 불꽃을 피운 것이나 마찬가지였다.

불이 켜졌다. 충분한 정보를 바탕으로 전문성과 치밀함을 갖춘 프레젠테이션은 이후 한 시간에 걸쳐 이루어졌다. 자료는 상위 백화점들의 아웃도어 입점 제품과 매출추이, 국내외 유명 아웃도어 브랜드의 제품분석, 유럽과 미국의 시장동향과 아우로 제품이 갖추고 있는 장점을 정밀하게 분석한 내용이었다.

"또 하나의 추가 자료를 보시면 JK와 아우로의 장단점과 소비자 반응을 쉽게 파악할 수 있습니다."

마지막으로 전문 산악인의 산행 시 위험도를 최소화할 수 있는 조언을 다룬 신문 인터뷰 기사를 언급하며 홍 대리는 정확하고 날카로운 시각과 부드러운 유머를 섞어 회의를 이끌어갔다.

프레젠테이션이 끝나자 예상한 대로 질문이 쏟아졌다. 특히 JK 제품을 선호하던 구매부서 담당과장의 질문은 서릿발처럼 매서웠다.

"유니버스백화점의 아웃도어 제품은 앞으로 자신을 위해 소비할 줄 아는 20~30대를 적극적으로 공략할 방침입니다. 아우로는 젊은 층에게 어필하는 디자인이 약하지 않나요?"

"네. 맞습니다."

반발을 예상했던 과장은 의외로 시인하는 홍 대리의 대답에 주춤하는 표정을 지었다. 홍 대리는 미소를 잃지 않으며 단호하지만 진실한 말로 대답했다.

"하지만 현재 유니버스백화점의 주 고객층을 분석한 결과 압도적으로 40~60대의 연령층이 높았습니다. 제가 직접 산에 다니면서 본 사람들의 연령층도 비슷했습니다. 젊은이들은 미래의 가망고객이지만 현재 백화점에 오는 사람들은 구매로 바로 이어질 수 있는 파워 고객들입니다. 영상에서 보셨듯이 저희는 젊은 잠재고객을 배제하지 않습니다. 이미 디자인에 중점을 둔 신제품 개발도 끝낸 상태입니다. 주5일 근무가 일상화되면 레저와 스포츠 시장은 더욱 넓어질 것입니다. 저희는 등산복에 얽매이지 않는 신개념 레포츠 옷으로 승부할 생각입니다. 다음은 이것과 관련한 자료입니다."

홍 대리가 전혀 동요하지 않고 차분하게 진행하는 모습은 많은 사람들에게 깊은 인상을 남겼다. 평소 프레젠테이션의 귀재로 불리는 송 팀장조차 속으로 감탄할 정도였다.

프레젠테이션을 끝내기 직전 한 마디 한 마디에 힘을 주면서 홍 대리는 자신감 있는 어조로 말했다.

"사람들은 말합니다. 똑같은 아웃도어일 뿐이라고. 또한 사람들은 말합니다. 백화점은 다 똑같지 않냐고. 그러나 저희는 아우로를 특별하다고 생각합니다. 마찬가지로 유니버스백화점 또한 특별한 곳이라고 생각합니다. 특별함은 차이에서 옵니다. 유니버스백화점은 단지 소비자에게 좋은 물건을 파는 곳만이 아니라고 생각합니다. 사람을 신뢰하며 '진실'을 소중하게 여기는 특별한 곳입니다. 저희 아우로도 마찬가지입니다. 사람의 몸을 소중하게 생각하기에 철저한 인체공학을 바탕으로 만들어진 편안함만큼은 그 어떤 제품도 따라올 수 없다고 자부하고 있습니다. 유니버스는 시대의 유행이나 흐름에 맞춰 따라가기보다 새로운 가치를 창출하고 선도하는 백화점입니다. 저희 아우로 또한 늘 한 발 앞서나가는 아웃도어를 목표로 하고 있습니다. 아우로를 입음으로써 자신이 어떤 사람인지 적극적으로 표현하는 '라이프스타일의 가치'를 전파하고자 하기 때문입니다. 그래서 유니버스와 아우로는 최상의 파트너가 될 것이라고 확신합니다."

아무도 움직이지 않았다. 어떤 소리도 들리지 않았다. 홍 대리는 깊이 고개 숙여 인사를 했다. 마음속으로 한 실장에게 감사의 말을 전했다. 한 실장만의 힘으로 결정되리라는 생각은 하지 않았다. 그러나 자신에게 또 한 번, 최선을 다할 수 있는 기회를 준 한 실장에게 감사의 마음이 물밀듯 밀려왔던 것이다.

홍 대리는 자신이 할 수 있는 모든 것을 다했다고 생각했다. 아쉬운 마음이나 후회는 없었다. 홍 대리가 고개를 들기도 전에 열렬한 박수가 쏟아졌다. 제일 먼저 눈에 띈 사람은 한 실장이었다. 환하게 웃는 얼굴로 박수를 치던 한 실장이 자리에서 일어났다. 다른 임원들도 따라서 하나 둘 일어섰다. 생전 처음 받아보는 기립박수였다.

　빨간 넥타이를 맨 송 팀장이 만면에 웃음을 가득 지으며 홍 대리를 향해 양손 엄지손가락을 치켜세웠다. 찬사로 가득한 말보다 더 가슴을 울리는, 송 팀장이 보여주는 최고의 칭찬이었다.

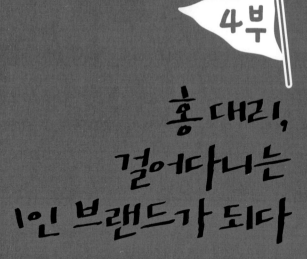

# 4부

# 홍 대리, 걸어다니는 1인 브랜드가 되다

## 명품 세일즈의 모든 것

# 세일즈맨을 절대로 배신하지 않는 것

벌써 2주일째였다. 홍 대리는 한 손엔 빨간 고무장갑을 끼고 또 다른 손엔 걸레를 들고 자신의 키도 훨씬 넘는 대형 유리창을 매일 아침마다 닦고 있었다.

"오늘도 또 오셨어요? 정말 포기하지 않는 성격이시네."

출근하던 매니저가 홍 대리를 보며 설레설레 고개를 저었다.

"안녕하세요? 좋은 아침입니다!"

"홍 대리님은 뭐가 그렇게 매일 신나고 좋으세요?"

"유리창을 깨끗하게 닦아놓으면 고객 분들이 더 잘 볼 수 있잖아요. 매니저님이랑 직원 분들도 도와드릴 수 있고. 그러니 신나고 좋을 수밖에요."

"아우로 전문매장도 아니고, 게다가 우리 사장님은 언제 오실지도 모르는데요?"

홍 대리는 대답 대신 밝은 웃음을 터뜨렸다.

"하하하. 곧 오시겠죠. 혹시 오늘 당장이라도 나오실지 어떻게 알아요?"

"하여튼 그 절대긍정 마인드는 배우고 싶다니까요."

여전히 미소를 잃지 않는 홍 대리를 보며 따라 웃던 그녀는 고개를 숙여 인사를 하곤 매장 안으로 들어갔다. 회사에 출근하기 전에 이곳 유리창에 먼저 출근도장을 찍고 가느라 더 일찍 일어날 수밖에 없었지만 '긍정적인 결과'를 생각하면 피곤한 줄도 몰랐다.

'진심이 담긴 노력은 절대로 나를 배신하지 않지.'

포기하지 않고 노력하면 반드시 보답을 받는다는 것을 홍 대리는 경험으로 배웠다. 특히 유니버스백화점 입점을 위해 최선을 다했던 기억은 홍 대리의 정신력을 한층 강하게 키웠을 뿐만 아니라 사람과 사람 사이의 신뢰를 쌓고 유지하는 데도 값진 경험이었다.

유니버스백화점 때의 일을 생각하자 홍 대리의 입가에 저절로 미소가 떠올랐다. 반쪽 남은 유리창을 마저 닦으며 세일즈마케팅부 팀원 전부가 '유니버스 대첩'이라고 부르는 그 날을 떠올렸다. 정말이지 평생 잊을 수 없을 것 같은 날이었다.

나중에 유니버스백화점 관계자들과 만난 자리에서 홍 대리는 한 실장과 많은 이야기를 나누었다. 직접 만나본 한 실장은 '얼음 여왕'이긴 했지만 뜨거운 가슴을 지닌 사람이었다.

"홍 대리님의 정성과 열정에는 저도 두 손 들었네요."

"제가 한 실장님께 배운 것이 더 많습니다."

"어떤 점을요?"

"유니버스백화점이 어떻게 지금의 입지를 굳혔는지 송 팀장님께 이야기 들었습니다. 전 세일즈에는 판매행위 이상의 의미가 있다고 믿습니다. 무엇보다 사람에 대한 깊은 신뢰가 성립되지 않고선 이뤄지지 않는다고 생각하고요."

"하지만 저를 어떻게 믿게 되었죠?"

"진실을 소중하게 생각하시는 분이라면 저의 진실 또한 반드시 알아주실 거라고 생각했어요."

한 실장은 빙긋 웃었다.

"신발 고마워요. 제게 딱 맞더군요. 명품 신발보다 더 가치 있는 선물이었어요. 제 마음을 움직인 건 신발보다 홍 대리님의 마음이었지만요."

"제…… 마음요?"

"편지를 넣으셨죠. 백 마디 말보다 진실한 문장 하나하나가 제 심금을 울리더군요."

홍 대리는 한 실장에게 보낸 편지를 떠올렸다. 고민 끝에 손으로 직접 쓴 편지였다.

한 실장님께,

생신 축하드립니다. 작은 선물이지만 제 친구의 열정이 담긴 것입니다. 동대문에서 작은 신발가게를 하는 이 친구는 자나 깨나 신발 생각밖에 하지 않습니다. '자신이 하는 일을 어떻게 사랑하는가?'라는 것을 전 이 친구를 통해 배웠습니다.

전 세일즈를 사랑합니다. 하지만 아직도 배울 것이 더 많습니다. 그리고 대선배님이신 한 실장님께 꼭 배우고 싶은 것이 있습니다. 열정, 진실, 고객에 대한 무한한 애정, 신뢰, 현장에서 쌓아오신 수많은 경험까지도요. 아직 한 번도 뵙지 못했지만 한 실장님은 제게 포기하지 않는 정신을 가르쳐주셨습니다. 부디 제게 기회를 주십시오.

이야기 끝에 한 실장이 홍 대리에게 물었다.

"그런데 그 신발 가게는 어딘가요? 단골이 되고 싶더군요."

홍 대리는 빙긋 웃었다. 은서에게는 이 기쁜 소식을 잠시 동안 비밀로 해둘 것이었다. 나중에 기회가 되면 슬쩍, 아무렇지도 않게 전해줄 생각을 하며 홍 대리는 속으로 회심의 미소를 지었다.

# 필요한 것을 주라

"오오~내가 봐도 잘 닦았단 말이야. 누가 보면 유리창 없는 줄 알겠네. 세일즈 그만두면 유리창 닦아 먹고살아도 되겠어."

홍 대리는 반짝반짝 빛나는 유리창을 흐뭇한 얼굴로 바라보았다. 2주일 전 유니버스백화점에 다녀오다가 우연히 발견한 매장이었다.

무작정 들어갔던 매장 안은 젊은이들로 붐비고 있었다. 주 고객층은 20대부터 30대 초인 듯 연신 경쾌한 음악이 흐르고 분위기나 디스플레이도 신선하고 젊은 감각으로 꾸며져 있었다.

'바로 여기다!'

홍 대리는 흥분된 마음을 억누를 수 없었다. 현장의 소리를 반영해 새로 발매될 아우로의 신제품은 젊은 층을 겨냥한 캐주얼 아웃도어였다. 그 동안 홍 대리는 세일즈를 하면서 현장에서 들리는 소리에 계속 귀를 기울였다. 여러 가지 의견이 있었지만 공통적으로 지적하는 부분은 디자인과 색상이었다.

홍 대리는 틈만 나면 그 부분을 송 팀장에게 전달했다. 처음엔 세일즈에만 충실하라며 크게 귀담아 듣지 않던 송 팀장도 홍 대리의 '간곡한 부탁(?)'에 마음이 움직였는지 기획회의에 참석한 자리에서 의견을 말했고, 회사에 그것이 받아들여지면서 각 지점을 대상으로 대대적인 설문조사가 시작됐다.

그 결과 곧 출시될 신제품은 아우로가 한결같이 고수하고 있는 고품질을 유지하면서도 지금까지 아우로 이미지를 넘어설 정도로 파격적인 디자인으로 결정되었다. 유니버스백화점 입점 확정의 성공이 미친 영향도 있었다.

홍 대리는 자신의 세일즈를 크게 두 부분으로 나누고 있었다. 첫 번째는 기존 거래처 관리였고 두 번째는 신규 거래처 개척이었다. 기존 거래처는 일단 신뢰가 확보되면 꾸준한 관리를 통해 안전하게 유지할 수 있었다.

'하지만 세일즈의 최전선은 역시 신규 개척이지.'

홍 대리는 자나 깨나 어떻게 하면 새로운 판로를 확보할 수 있을지 고민했다. 길거리를 다니면서도 눈에는 아웃도어 매장만 보였다. 그러던 순간 발견한 곳이었기에 가던 길을 멈추고 펄쩍 뛸만큼 기뻤다.

그곳은 다양한 브랜드의 아웃도어 용품을 전문으로 취급하는 매장이었다. 국내 유명 브랜드는 물론 해외 브랜드까지 모두 모여 있다고 할 정도로 규모가 큰 곳이었다. 문제는 이곳에서 아우로의 제품을 판매하고 있지 않다는 것이었다.

"답은 언제나 현장에 있다!"

홍 대리는 늘 이 말을 가슴에 새겼다. 그러다보니 어떻게 해야 할지 답답할 때도, 매출이 생각만큼 오르지 않을 때도, 뜻밖의 장애물을 만났을 때도, 늘 현장으로 달려가는 것이 습관이 되었다. 현장에서 부딪치다보면 생각하지도 못한 곳에서 일이 풀렸다. 자신도 모르게 아이디어가 떠오르는 것이었다. 유리창을 닦는다는 생각도 틈만 나면 이곳에 와봤기 때문에 실천에 옮길 수 있었다.

신규 매장을 개척할 땐 정말로 연애를 하는 마음이 들곤 했다. 한시도 머릿속에서 잊은 적이 없었다. 매장을 처음 본 날 사장을 만나려 했지만 '출장 중'이니 이야기를 전해주겠다는 매니저의 의례적인 말만 들었을 뿐이었다. 매일 찾아가도 마찬가지였다. 하지만 홍 대리는 포기하지 않았다.

"얼음 여왕 한 실장님도 끝내 만나지 않았던가. 이 정도는 아무 것도 아니지."

그때의 어려움에 비하면 지금은 어떤 시도나 노력도 하지 않은 것과 같았다.

"할 수 있다! 내가 포기하기 전엔 아직 아무 것도 끝난 것이 아니다!"

홍 대리는 하루에도 몇 번씩 큰 소리로 외쳤다. 오다가다 매일 들러서 잠깐이라도 눈도장을 찍었다. 직원들에게는 늘 활기차게 인사를 했다. 그날도 출근 전에 잠깐 보고 가자는 생각에 들렀는데 이른 아침 여직원들이 힘들게 유리창을 닦고 있었다. 세일즈는 '내가 일방적으로 무엇을 주는 것이 아니라 상대가 필요한 것이 무엇인지를 아는 것에서부터 출발한다'고 했던 신 원장의 말이 떠올랐다.

'지금 당장 그들에게 필요한 것은 뭘까? 유리창을 닦고 있는…… 유리창? 유리창!'

그리고 그날부터 바로 빨간 고무장갑과 걸레를 사서 여직원들 대신 아침마다 꼬박꼬박 유리창을 닦았던 것이다. 출장 중이던 사장을 만난 것은 유리창을 닦은 지 5일째 되던 아침이었다.

"자네는 뭐 하는 사람인가?"

"아우로 세일즈마케팅부의 홍진범 대립니다. 여기 매장이 참 좋아서요."

홍 대리는 기회를 놓치지 않고 명함을 건넸다.

"저희 제품을 판매하지 않는 이유를 알고 싶습니다."

홍 대리는 거만하지도 비굴하지도 않게 예의를 갖추어 깍듯하게 말했다. 겸손하되 당당하게 말하며 상대가 원하는 것이 무엇인지 알기 위해 귀를 기울여 들었다.

"젊은 사람들이 좋아하는 옷이 아니기 때문이지."

사장은 한마디를 남기고 그대로 매장 안으로 들어가버렸다. 그리고 오늘까지 얼굴을 볼 수가 없었다. 물어보면 여전히 '출장 중'이라고만 했다. 그러나 홍 대리는 사장을 한 번 더 볼 때까지는 포기하지 않을 셈이었다.

사장이 돌아오면 연락을 줄 테니 그만 오라는 매니저의 말에도 그저 웃음으로 대답했다. 매일 유리창을 닦는 동안 매니저와 판매 여직원들하고 얼굴을 익혔다. 처음엔 이상하게 바라보며 홍 대리가 유리창 닦는 것을 못하게 막던 직원들도 한결같이 성실한 모습을 보이는 홍 대리에게 농담을 걸 정도가 되었다.

오늘도 사장을 못 보면 내일 또, 라고 생각하며 물건을 정리하는 홍 대리에게 누군가 말을 걸었다. 사장이었다.

"자네, 아직도 하고 있나?"

"네. 사장님을 꼭 한 번 더 뵙고 말씀드릴 게 있습니다."

"뭔가?"

"지난번에 아우로를 판매하지 않는 이유가 젊은 사람들이 좋아하는 옷이 아니기 때문이라고 하셨죠? 이것이 이번에 새로 출시될 저희 신제품입니다."

홍 대리는 미리 준비해서 넣고 다녔던 카탈로그를 꺼냈다. 카탈로그를 넘기던 사장의 눈이 잠시 가늘어졌다.

"음…… 매장 안에 들어가서 잠깐 얘기 나누지."

누구의 도움도 받지 않고 오직 자신의 노력과 아이디어만으로 잡은 기회였다. 가슴 깊은 곳에서부터 할 수 있다는 자신감이 솟아올랐다. 홍 대리는 걷어붙였던 와이셔츠 소매를 내리며 그 어느 때보다 눈부시게 환한 미소를 지었다.

# 일상의 모든 것이 세일즈

"역시 산에 오니까 좋죠?"

"여기가 바로 살아 있는 현장이군."

"와아, 우리 아우로 옷들이 많이 보이네요."

"뭐 눈엔 뭐만 보이는 법이지."

주거니 받거니 산길을 오르는 중에 간간히 웃음이 터졌다. 홍대리의 제안으로 한 달에 한 번 세일즈마케팅부는 산에 올랐다. 매장보다 더 큰 개념의 생생한 현장의 모습을 살펴보는 것이 중요하다는 판단에서였다.

팀워크를 다지기엔 산행만 한 것이 없었다. 세일즈는 자신이 성과를 내고 책임을 지는 개인플레이의 성격이 강한 면도 있지만 함께 어울려 지지하고 격려할 때 더 큰 시너지가 생겼다.

사무실에서 하기 껄끄러운 이야기도 함께 등산을 한 후 막걸리를 한잔 마시며 풀어놓으면 웃으면서 쉽게 할 수 있었다. 하는 사람도 듣는 사람도 서로를 위해서라는 것을 이해하고 수용했다.

"그런데 참 신기하네요."

"뭐가?"

"잘 보면 다들 비슷해 보이지만 똑같이 옷을 입은 사람은 없으니 말이에요."

"유행이 있고 선호도도 있지만 결국 자기 개성에 맞춰 입는단 말이지."

"세일즈도 비슷한 것 같아요."

"예를 들면?"

"목표달성이라는 점은 같지만 매번 같은 방식으로 일을 하진 않거든요. 고객마다 성격이 다르고 매장 분위기도 다르고…… 세일즈는 하면 할수록 매력이 넘쳐요."

"하하하. 이젠 정말 어엿한 세일즈맨이 다 됐군. 뭘 봐도 세일즈 레이더가 발동하니 말이야. 나도 분발해야겠는걸."

송 팀장이 호탕하게 웃었다. 아닌 게 아니라 홍 대리는 최근 무엇을 보거나 어디를 가도 세일즈맨의 시각으로 상황을 분석하고 접근하는 습관이 생겼다.

하루는 이런 일도 있었다. 마트에 가서 물건을 고르는데 계산대 앞에 놓인 껌과 초콜릿이 눈에 띄었다. 홍 대리는 평소엔 단

것을 좋아하지 않았지만 초콜릿을 좋아하는 어머니에게 사다드
릴까 싶은 생각이 들었다. 계산대 앞에 줄을 서서 기다리다 무심
코 손을 뻗어 초콜릿을 카트에 담으려는 순간, 불현듯 머리를 스
치는 어떤 생각에 정신이 번쩍 들었다.

"아! 그렇구나!"

마트 또한 면밀히 계산된 세일즈 현장이었다. 고객들이 장을
보는 순서와 선호도에 맞춘 동선은 물론 기다리는 동안 아이들
이 하나둘쯤 손에 쥐게 만든 계산대 앞의 먹을거리까지 그 어느
것 하나 허투루 놓인 것이 없었다.

계산을 하기 위해 기다리는 고객의 행동을 관찰하니 초콜릿
이나 사탕을 카트에 넣지 않는 사람은 열 명 중 한두 명에 불과
했다. 엄청난 발견이었다. 단지 물건의 위치를 바꾼 것만으로도
놀라운 판매성과를 이룬 것이다.

그뿐만이 아니었다. 홍 대리는 운전을 할 때도, 편의점에서 캔
맥주 하나를 살 때도, 심지어 어머니가 수리와 노는 것을 볼 때도
달라졌다. 어떤 식으로 나름대로 원하는 목적을 이루고 세일즈가
이루어지는지 자기만의 감각이 생기기 시작했다.

세일즈는 거창한 것이 아니었다. 자신의 삶 속에, 일상 속에 알
게 모르게 녹아 있고 깃들어 있는 것이었다. 호흡하는 공기와 같
았다. 늘 마시는 물과 같았다. 세일즈가 없는 단 하루, 단 한 순간
이 없었던 것이다.

미지의 세상에 첫 발을 뗀 사람처럼 신비로운 날들이었다. 새로운 시각이 열리는 듯했다. 완전히 다른 시각으로 자신이 하는 일을 바라보게 되었다.

"불황이라든가, 비수기라든가, 그게 본질적 문제가 아니구나."

한여름의 크리스마스, 한겨울의 바캉스 등 생각의 전환을 불러일으킬 아이디어가 샘솟았다. 단순히 재고상품을 털어버리는 것이 목적이 아니라 고객을 겨냥한 콘셉트를 가지고 행사를 기획하면 일석이조의 효과가 일어날 것이었다.

"마이너스는 플러스를 만들어낼 수 있는 역전의 순간일지도 몰라."

산 정상에서 홍 대리는 눈 아래 펼쳐진 풍경을 바라보며 생각했다. 이젠 안 된다, 할 수 없다, 포기하자는 생각은 하지 않았다. 그보다 무엇을 할 수 있을지 적극적으로 생각하고 행동하는 시간이 늘었다.

'네거티브 난쟁이 홍'에게 시달리며 툭 하면 소심하게 휘둘리던 때가 언제였나 싶었다. 지금은 '포지티브 자이언트 홍'이 큰 나무처럼 자신의 안에 단단히 뿌리를 내리고 있었다. 도전하고 행동하고 포기하지 않은 덕분이었다.

# 플러스알파

"홍 대리 제법이야."

송 팀장이 홍 대리가 새로 쓴 계약서를 바라보며 감탄했다는 듯 말했다.

"사실은, 예전 우리 팀원이 몇 번이나 도전했다가 실패한 곳이거든."

"네? 정말요?"

"그렇게 좋은 곳을 놓칠 수 있겠나? 그 사람도 할 수 있는 노력은 다 했지. 하지만 어쩐 일인지 잘 통하지가 않았거든. 비결이 뭐야?"

"유리창이요."

"유리창?"

홍 대리는 자신이 한 일을 송 팀장에게 털어놓았다. 진지하게 이야기를 듣고 난 송 팀장이 고개를 끄덕였다.

"과연, '플러스알파'로군."

"그게 뭔데요?"

"세일즈를 하다보면 기본적으로 갖춰야 하는 전문지식이나 성실함 말고도 고객을 감동시키기 위한 플러스알파가 필요하지. 자네가 한 유리창을 닦는 행위 같은 것 말이야. 하지만 무조건 플러스알파라고 해서 통하는 것도 아니지."

"그 분도 플러스알파를 하셨던가요?"

"물론. 그 사람도 나름대로 노력했지."

"그런데 왜……?"

"현장을 떠난 이유 중 하나라고 볼 수 있는데…… 퇴사하면서 세일즈가 자신하고 잘 맞지 않는다고 하더군. 홍 대리는 어떻게 생각하나? 세일즈가 맞지 않는 사람이 있다고 생각하나?"

"저도 처음엔 제가 세일즈에 맞지 않는다고 생각했어요. 하지만 지금은 생각이 바뀌었습니다. 처음부터 세일즈맨으로 태어나는 사람은 없다고요. 단지 현장에서 부딪치면서 세일즈맨으로 만들어지는 것일 뿐이죠. 좀 더 정확히 말하면 세일즈맨이 되기 위한 훈련을 한다면 누구나 가능하다고 믿고 있습니다."

"세일즈맨이 되기 위한 훈련이라…… 예를 들면?"

"목표를 명확히 세우고 그것을 달성할 때까지 포기하지 않는

법을 배우는 것입니다. 그러기 위해선 상대가 원하는 것이 무엇인지 알아야 하죠. 그래서 대화가 중요합니다. 대화를 나눌 수 없는 상황이라도 관심을 기울여 집중을 하다보면 무엇을 하면 좋을지 저절로 떠오를 때가 많아요. 일단 정하면 다음엔 포기하지 않는 거죠. 플러스알파는 상황에 따라 적재적소에 쓰면 좋겠지만 그것에만 지나치게 의존하는 것은 세일즈맨으로서 안이한 자세라고 생각합니다."

반짝이는 아이디어보다 꾸준한 성실함이 더 중요하다고 생각했다. 고객의 마음을 움직이는 감동적인 이벤트는 물론 효과가 컸다. 그러나 이벤트로만 승부하겠다는 생각은 하지 않았다. 이런 모든 시도들은 꾸준하고 기본적인 하루하루의 노력에 덧붙여질 때 의미가 있는 것이기 때문이다.

일상에서부터 시작하는 세일즈가 매일 먹는 밥과 같은 것이었다면 이벤트는 활력을 주는 외식이었다. 화려하고 입맛을 확 당기는 외식만 해서는 건강을 지키기 힘든 법이다. 게다가 비용 지출도 만만치 않았다.

"홍 대리는 나중에 세일즈 스터디 담당이라도 시켜야겠군. 핀치히터로 말이야."

"하하하. 농담이시죠?"

송 팀장은 빙긋이 웃기만 했다. 그러나 곧 진지한 표정으로 말했다.

"그런데 서대문지점 말이야……."

송 팀장의 말이 떨어지자마자 홍 대리의 얼굴이 어두워졌다. 신규 매장도 조금씩 늘고 있었고, 기존 거래처도 지금까지는 그럭저럭 순조롭게 목표를 향해 가고 있었다. 그러나 딱 한 곳, 매출이 오르기는커녕 갈수록 떨어지는 곳이 바로 서대문지점이었다. 게다가 반 년 전부터는 상황이 심각했다.

"여긴 유동인구도 많고 단골도 제법 탄탄한 곳인데, 왜 이렇게 매출이 떨어지고 있지?"

"그게 저……."

"홍 대리가 생각보다 잘 해내고 있긴 하지만 서대문지점은 이렇게 가면 위험하네. 최악의 경우 담당자를 바꾸는 수밖에 없어."

"자, 자, 잠깐만요! 제가 어떻게든 해보겠습니다!"

"그럼 지금까지는 어떻게 해보지 않았다는 것인가?"

"아니요, 아닙니다! 하지만 어쩌면 제가 최선을 다하지 않은 것일 수도 있으니까요! 한 번 더 기회를 주십시오!"

"좋아. 그럼 한 달의 시간을 주지. 그리고 한 달 후면 현장에서 일하는 1년도 끝나는군. 세일즈맨으로 남을 것인지 기획팀으로 돌아갈 것인지 이번 일을 끝낸 후 홍 대리의 의견을 말해주게."

결정을 내려야 할 시간이 다가오고 있었다.

# 트로이의 목마

어릴 때 본 영화에선 위기가 닥쳤을 때마다 슈퍼맨이 나타나 악당으로부터 주인공을 구하고 정의를 되찾아주었다. 그러나 지금 홍 대리가 처한 현실은 슈퍼맨이 필요하긴 했으나 악당도 없었고 정의를 다시 세울 만한 일도 아니었다. 단지 훌륭한 세일즈맨이 되기 위해 가는 길에 다시 어려움이 닥친 것뿐이었다.

"이럴 땐 멘토님이 계시지."

홍 대리는 신 원장을 기다리고 있었다. 신 원장은 어김없이 약속시간 5분 전에 홍 대리의 눈앞에 나타났다. 사람을 편안하게 하는 미소와 부드러운 카리스마는 변함이 없었다. 홍 대리의 이야기를 듣고 난 후 신 원장이 물었다.

"그래서 지금까지 홍 대리님은 무엇을 하셨나요?"

"저도 할 수 있는 모든 노력을……."

"정말이세요?"

정곡을 찌르는 질문에는 차마 대답을 할 수가 없었다. 정직하게 말하자면 서대문지점에 대해선 자신도 반쯤은 포기 상태였던 것이다.

"할 수 있는 모든 노력을 다 했다면 어떤 변화든 있었겠지요."

서대문지점장은 자신의 모든 거래처를 통틀어서 가장 고집이 센 사람이었다. 낮은 판매실적에도 불구하고 자신의 방식만 철저히 고수하면서 이런 저런 불평들을 늘어놓고 있었다.

그러나 홍 대리는 말없이 고개만 끄덕일 수밖에 없었다. 잘나가는 다른 거래처에 공들였던 것만큼 신경을 쓰지 못했던 것도 사실이다.

"가장 큰 문제가 뭐라고 생각하세요?"

"제 말을 들으려고 하질 않으세요."

"그 분이 홍 대리님의 말을 들어야 하는 이유가 뭐죠?"

"그야, 더 높은 매출을 올리……."

홍 대리는 말을 하다가 멈추었다. 자신의 생각이 너무 단순한 것 같았다. 서대문지점장은 아웃도어 매장 운영에서 정말 무엇을 원하는 것일까?

"트로이의 목마 이야기 들어보셨나요?"

"그리스 신화에 나오는 이야기 말인가요?"

홍 대리는 신 원장의 화법에 익숙해져 있었다. 정답을 가르쳐 주기보다 대화를 통해 스스로 깨닫게 하는 방식이었다.

"10년 동안 공략해도 꼼짝하지 않던 난공불락의 요새 트로이를 하룻밤 사이에 점령한 비결이 뭐라고 생각하세요?"

"그야 목마 덕분이죠. 거기에 적군들이 숨어 있다는 걸 눈치채지 못하고 성 안으로 들였으니까요."

홍 대리는 이 이야기를 하는 신 원장의 의도를 생각하며 조심스럽게 대답했다. 단지 화제를 풍부하게 하기 위해 꺼낸 이야기는 아닐 것이었다. 이야기 속에 자신이 찾는 답이 있는 것이 틀림없었다.

"서대문지점장님은 의견대립이 있을 때 어떤 반응을 보이는 분이신가요?"

"남의 의견을 받아들이는 것을 자신이 지는 것으로 생각하시는 것 같아요. 누가 '맞다, 틀렸다'의 문제가 아니라 다양한 의견 중 가장 좋은 의견을 선택하는 것이 합리적이라고 생각하는데 말이에요."

"홍 대리님의 그 생각 또한 하나의 견해일 뿐이죠."

"아, 그러게요. 저도 모르게 제 생각만 옳다고 여기고 있었어요."

신 원장의 날카로운 지적에 홍 대리는 무릎을 탁 쳤다. 서대문

지점장이나 자신이나 다를 것이 없었다. 팽팽하게 줄을 잡아당긴 채 양쪽에서 자신이 옳다고 싸우고 있었던 것이다.

"그리스군의 목표는 트로이를 제패하는 것이었죠. 목마를 만든 이유도 목표를 달성하기 위해서였고요. 하지만 여기서 중요한 부분은 '목마를 만든 건 그리스 병사들이지만 목마를 성 안에 들여놓은 건 트로이 사람들이라는 점'이에요. 이제 네 번째 미션을 드릴 때가 되었네요. 고객 스스로 행동하게 하라."

"제가 고객의 마음을 여는 것이 아니고요?"

"세일즈 초반엔 당연히 고객의 마음을 열기 위한 노력을 해야죠. 하지만 억지로 문을 연 고객은 두 번 다시 열어주지 않을 거예요."

"확실히 제 의욕이 지나쳐서 강하게 밀어붙였을 땐 좀처럼 계약서를 쓰지 않으시더라고요."

"바람보단 햇빛이 옷을 벗게 하는 법이죠."

"그렇구나! 바로 그거예요! 그걸 잊고 있었네요. 저도 모르게 제가 얼마나 훌륭한 세일즈맨인지 저 자신에게 증명하고 싶었나 봐요. 그러다보니 목표에 집중하는 것을 잊고 있었어요."

홍 대리의 정직한 실토에 신 원장이 용기를 주듯 미소 지었다.

# 네 번째 미션,
# 고객 스스로 행동하게 하라

"상대가 거부하는 태도에 어떻게 대응할 것인지에 대한 고민이 필요해요. 홍 대리님은 자신을 거부하는 사람에게 어떻게 대하실 건가요?"

"거부에 거부로 맞서기보다…… 어떤 점을 수용할지 고민해보겠어요."

"맞아요. 키워드는 '충돌'이 아니라 '협력'이죠. 일단은 그 사람 마음속으로 들어가야 하죠."

"하지만 지금까지의 제 경험으로 볼 때 마음속으로 들어갔다고 그것으로 최후의 성공을 거두는 건 아닌 것 같아요."

홍 대리의 조심스러운 말에 신 원장이 고개를 끄덕였다.

"목마가 트로이 성으로 들어간 것만으로는 절반의 성공일 뿐이죠."

"그럼 제가 어떻게 해야 하나요?"

"트로이 목마 이야기의 핵심이 뭐라고 생각하세요?"

"상대 스스로 행동하게 만드는 것이요!"

홍 대리는 자신도 모르게 큰소리로 외쳤다. 자신이 억지로 상대의 마음을 열 수는 없는 법이었다. 자신의 행동은 고객이 스스로 마음을 열고 행동으로 옮길 수 있도록 돕는 것일 뿐이었다.

"위기는 기회라는 말 기억하시죠? 힘든 일을 겪는 순간일수록 좀 더 잘 배울 수 있답니다. 강철은 그냥 만들어지지 않아요. 수천 번의 담금질을 거친 후에야 비로소 강철이 되는 법이죠."

"세일즈맨도 그렇다는 말씀이신가요?"

"세일즈맨은 누구나 될 수 있어요. 하지만 일급 프로 세일즈맨은 드물죠. 왜 그럴까요?"

"힘든 순간에 포기해버려서요."

홍 대리도 몇 번씩 포기하고 싶은 순간이 있었다. 그러나 지금 여기까지 올 수 있었던 것은 한 번만 더, 이 순간만큼만 넘겨보자, 이겨내자고 다짐하며 주저앉지 않고 행동했기 때문에 가능했다.

"홍 대리님은 포기하고 싶었던 순간마다 어떻게 하셨나요?"

"그 순간, 그 힘든 한 번만 견디자고 생각했어요. 백 번 실패해도 내가 한 번 더 도전하면 백 한 번째에는 가능하다고 믿었어요.

성공한 모습을 상상해보면 정신이 번쩍 들었죠. 좌절하고 고민하는 시간조차 아까웠어요. 그리고 할 수 있는 일을 찾아 행동으로 옮겼죠."

신 원장이 고개를 끄덕이며 홍 대리를 따뜻한 눈으로 바라보았다.

"지금까지 해왔던 노하우에 덧붙여 이번 기회에 새로 배울 것이 있네요."

"새로 배울 것이요?"

"고객이 어떤 상황에서 스스로 마음을 열어 행동하는지 배워보세요. 그 노하우를 발견한다면, 그땐 정말 홍진범이라는 브랜드를 지닌 세일즈맨이 될 수 있을 거예요."

"홍진범이라는 브랜드!"

"세일즈는 궁극적으로 일인 기업이에요. 자기라는 회사의 CEO가 되어야 하죠. 그러기 위해선 누구도 흉내 낼 수 없는 자기만의 세일즈 브랜드가 필요해요. 가방이라고 다 같은 가방이 아니고 신발이라고 다 같은 신발이 아니잖아요? 유명 브랜드냐 아니냐를 말하는 게 아니에요. 얼마만큼 가치가 있냐 하는 것이죠. 동대문 상가에서 파는 신발이라도 장인 정신이 배어 있는 품질이라면 그것은 그것대로 명품이라고 부를 수 있어요. 실제 유명한 명품들 중에는 디자이너가 살던 고향의 작은 가게에서 시작된 것들이 많죠. 자기 스스로 명품 브랜드가 되는 것. 그것이

일류 세일즈맨이 되고 싶은 사람이 가슴에 품어야 하는 단 하나
의 별이랍니다."

# 매뉴얼보다 마인드

신 원장과 헤어진 후 홍 대리는 문득 은서가 보고 싶어졌다. 예전에는 웃고 싶거나 답답할 때 은서를 만나러 가곤 했는데 언제부터인가 그런 '어리광'을 부리는 일이 없어졌다. 어쩌면 자신이 조금 성장한 것인지도 모른다는 생각이 들었다.

그런데 은서의 가게에 들어서기도 전에 웃음소리가 들렸다. 특이하게 목을 꺾는 듯한 웃음소리는 틀림없이 은서였다. 거기에 낮은 남자의 웃음소리가 섞여 들려왔다.

"이렇게 다시 만날 줄은 몰랐어요."

"사실은 은서 씨를 만나고 싶어서 우연을 가장한 거예요."

'얼씨구! 뭐냐, 이 영화 같은 대화의 내용은!'

홍 대리는 고개를 설레설레 저었다. 밖에서 듣기만 해도 은서가 새로운 사랑에 빠졌다는 것을 알 수 있었다. 은서는 늘 용감했다. 몇 번을 실패해도 번번이 새로운 사랑을 만나는 데 주저하지 않았다.

"못난아, 힘내라!"

웃으면서 돌아서려는데 마음과 다르게 몸이 움직이지 않았다. 온몸에서 힘이 쭉 빠져나간 것도 같고 알 수 없는 화가 치밀어 당장이라도 두 사람 사이로 뛰어 들어가고 싶기도 했다. 그런데 몸이 움직이지 않았다.

"내 발이 왜 이래?"

이상한 일이었다. 발길을 돌리려고 해도 마음대로 되지 않았다. 마치 초강력 본드로 붙여놓기라도 한 듯 바닥에 딱 붙어서 떨어지지가 않았다.

"뭐야, 뭐냐고. 아니, 이건 뭐냐고."

"뭐 하나?"

"……."

난감했다. 어느새 은서가 나와서 홍 대리를 위아래로 훑어보고 있었다. 은서 옆에는 자신보다 키가 크고 배에도 식스팩을 갖고 있을 것만 같은 남자가 서 있었다.

"아…… 아니, 난 그냥, 지나가는 길에 저녁 안 먹었으면 너 좋아하는 자장면이나 같이 먹을까 하고……."

"그럼 들어올 것이지 남의 집 문간에 서서 뭐해? 싱거운 놈."

둘이 로맨스 영화를 찍고 있는데 어떻게 끼어드냐고 항의하려다 말고 홍 대리는 은서를 바라보았다. 남자는 정중하게 인사를 하더니 은서를 보고 슬며시 웃었다.

"그럼 다음에 또……."

"다음은 없어요. 저 좋아하는 사람 있거든요."

"……."

남자는 잠시 머뭇거리는 듯하더니 아쉬워하는 표정으로 사라졌다.

"누구야?"

"트레이너."

"트레이너? 너 운동해?"

"아니, 해보려고 했는데 저 사람 방식이 마음에 안 들어."

"왜?"

"그냥 내가 관심을 갖는 부분을 딱 알려주면 좋은데. 자기가 얼마나 유능한 강사인지 알리는 데만 온통 정신이 팔려 있거든. 게다가 지나치게 끈적거리잖아. 별루야. 자기 고객이 어떤 사람인지도 모르는데 어떻게 믿고 내 몸을 맡기냐?"

"야, 몸을 맡기……다니, 표현이 좀 그렇다."

그러나 홍 대리는 은서가 좋아하는 사람이 있다는 말이 가장 마음에 걸렸다. 자신이 알기로 최근 은서가 연애를 시작한 것 같진 않았다. 그럼 아까 그 말은 무슨 뜻이지? 홍 대리 머릿속이 복잡해졌다. 홍 대리의 얼굴을 빤히 쳐다보던 은서가 혀를 쯧, 찼다.

"야야, 말로 해라. 얼굴에 다 나와."

"좋아하는 사람 있다는 말은 또 뭐야?"

"우연이 어쩌구 첫사랑을 닮은 게 어쩌구 하니까 귀찮아서 그런 거지. 세일즈를 하러 왔으면 당당하게 하던가. 방법이 마음에 안 들어. 네가 보기엔 어때?"

"생긴 건 확실히 전문 트레이너처럼 보이긴 하는데. 처음 본 사람에 대해 평가를 내리긴 그렇지만…… 매뉴얼이야 확실하겠지. 하지만 마인드는 어떨까 모르겠다."

은서는 새삼 놀란 표정으로 홍 대리를 바라보았다. 자신이 지금까지 아이 취급했던 친구가 이제 한 사람 몫을 어엿하게 해내는 세일즈맨으로 서 있었다.

"오, 매뉴얼보다 마인드…… 베이뷔, 너 남자가 됐구나."

은서가 홍 대리를 보며 진지하게 말했다. 지금까지 들어왔던 그 어떤 말보다 은서의 이 한마디 말이 자신을 기쁘게 했다. 홍 대리는 갑자기 자신의 심장이 두근거리는 것을 느꼈다. 아무 말 없이 은서를 바라보았다. 두 사람만이 존재하는 이곳엔 시간도 멈춘 것 같아 숨조차 쉴 수 없었다.

은서가 홍 대리의 눈동자 깊은 곳을 바라보며 속삭였다.

"자장면 시켜. 돈은 네가 내는 거다."

# 인간의 마음을 지닌 세일즈

서대문지점 앞에서 홍 대리는 숨을 깊게 들이쉬었다. 거의 1년 전 서부지점 앞에 서 있을 때 생각이 났다. 두려움에 떨던 그 때 와는 사뭇 다른 기분이었다. 지금은 어엿한 세일즈맨이었다.

"다시 초심으로 돌아가자."

홍 대리는 마음을 다졌다. 더 큰 목표가 생겼다. '홍진범'이라 는 이름을 걸고 자신만의 브랜드를 만들어나가는 것이었다.

"어쩌면 내가 작은 성공에 우쭐하고 있었는지도 몰라. 그러고 보니 감사의 마음도 잊고 있었구나. 처음 품었던 초심과 열정을 되살리자!"

며칠 전 홍 대리는 정 지점장의 파일을 들여다보며 곰곰이 생각했다. 가족사항, 취미, 교우관계…… 죽 훑어보다가 가족사항에 다시 눈을 돌렸다. 정 지점장은 이른바 '기러기 아빠'였다. 중학생인 아들이 몇 년 전부터 미국에서 유학중이었는데 반 년 전부터는 부인도 아예 대학을 졸업할 때까지 아들 뒷바라지를 한다며 건너가 있는 상태였다.

"아! 혹시……!"

한 가지 생각이 머리를 때렸다. 급히 파일에 자세하게 적혀 있는 정보와 매출 그래프를 비교해보았다. 부인이 미국으로 건너간 시점과 매출이 급격히 떨어진 시점이 일치했다.

"그래…… 그랬구나……."

홍 대리는 어느 방향에서 시작해야 할지 생각한 후 정확한 행동방침을 결정했다. 앞으로 3주 동안 매일 서대문지점으로 출근할 생각이었다. 정서일 서대문지점장과 좀 더 친밀해지기 위해서였다.

"그동안 대화를 나누긴 했지만 정작 속 깊은 이야기는 하지 못했구나."

홍 대리는 사실 정 지점장이 자신의 말을 귀 기울여 듣지 않는다고 은근히 못마땅해하고 있었다. 어쩌면 이런 마음이 무의식 중에 둘 사이에 묘한 거리감을 만들었을지도 모른다. 업무와 관련한 이야기는 많이 나누었지만 정작 해야 할 이야기는 따로 있을지도 모른다는 느낌이 들었다.

"정 지점장님, 오늘 저녁은 저랑 어떠세요?"

홍 대리가 문을 열고 들어서자 정 지점장이 놀란 표정을 지었다. 일이 끝난 후 자연스럽게 어울린 적은 있지만 퇴근하자마자 일부러 찾아오는 경우는 없었던 것이다.

밥을 먹으며 술도 한잔 기울였다. 처음엔 묵묵히 앉아만 있던 정 지점장도 조금씩 말문을 열기 시작했다. 홍 대리는 처음으로 그의 외로움을 알 것 같았다.

홍 대리는 많은 이야기를 들었다. 자신이 먼저 이야기를 꺼내기는 했으나 화제를 주도하기만 했을 뿐 주로 말하는 사람은 정 지점장이었다. 정 지점장의 과거와 현재 상황을 좀 더 잘 알게 되었을 때 홍 대리는 진심으로 후회를 했다.

'왜 좀 더 빨리 대화를 시도하지 않았을까? 분기목표를 달성하는 것에만 급급해 매출만 생각했으니…… 생각하면 너무 부끄러운 일이야. 좀 더 정성껏 귀를 기울여야 하는 사람은 정 지점장님이 아니라 바로 나 자신이었는데. 내가 만약 정 지점장님이라면 마음이 어땠을까?'

상대의 입장에서 그의 외로움을 헤아려보자 가슴 깊은 곳에서 울컥, 뜨거운 것이 치밀었다. 뭐라 표현할 수 없을 정도로 무겁고 아프고 막막했다.

'아! 이렇게 힘드셨구나! 이렇게 외로우셨구나!'

한창 가족을 위해 일할 나이라고는 하지만 며칠에 한 번씩 하는 간단한 화상통화 정도로는 가족의 정을 느끼지 못할 것이었다.

"보고 싶으면 보고 싶다고 마음을 전하세요. 가족이잖아요."

홍 대리는 진심을 담아 말했다. 영업에 관한 일은 까맣게 잊을 정도로 두 사람은 늦게까지 서로의 삶에 대한 이야기를 나누었다. 홍 대리는 정 지점장에게 힘이 되어주고 싶었다. 그를 돕고 싶었다. 함께 신나게 웃고 싶었다. 지금까지와는 다른 무엇이 홍 대리 마음 깊은 곳에서 뜨겁게 용솟음치고 있었다.

# 온리 원

"홍 대리님, 좋은 아침입니다."

정 지점장이 홍 대리에게 조금은 수줍은 듯 인사를 건넸다.

"네. 안녕하세요!"

순간, 홍 대리는 가슴 한쪽을 스치는 감동을 느꼈다. 자신이 매일 출근하다시피 했던 2주 만에 처음으로 먼저 인사를 받은 것이다. 늘 자신이 먼저 인사를 건네다가 상대로부터 받는 인사는 추운 겨울에 마시는 따뜻한 한 잔의 차처럼 훈훈하게 마음을 녹이는 데가 있었다.

'내 노력이 헛되지 않았구나.'

홍 대리는 그 동안 분석한 자료를 펼쳐 보이며 정 지점장과 아침 미팅을 시작했다. 고객수요, 동향, 판매지수 등 다각도로 연구

한 자료를 바탕으로 어떤 이벤트를 벌일지 의논하고 30% 이상의 매출을 끌어올리리라 다짐했다.

"오늘 지점장님께 의논 드리고 싶은 게 있는데요."

"뭔데요?"

"1주일 동안 특판 행사를 벌이면 어떨까 해서요."

"특판 행사요?"

"네. 재고상품은 아울렛 특가로 내놓는 것도 좋고요. 10만 원 이상 구매고객에겐 사은품도 드리고요. 또 괜찮으시다면 행사 도우미의 도움을 받아 신상품 홍보도 신나게 해보고요."

"좋습니다."

"정말요?"

너무나 흔쾌한 대답에 홍 대리가 어리둥절해질 지경이었다. 정 지점장은 지금까지 요란한 이벤트나 홍보 행사는 하지 않겠다고 해왔기 때문이었다.

"그 동안 함께 지내면서 홍 대리님이라면 믿어도 좋겠다는 생각이 들었어요. 제가 좀 내향적인 성격이고 고집도 세서 예전에 홍 대리님이 했던 말은 잘 안 들었지만…… 하하하."

"믿어주셔서 감사합니다! 최선을 다해 우리 신바람을 불러일으켜봐요."

홍 대리는 매장에서 직접 도울 수 있는 모든 일을 했다. 직원들과 디스플레이를 새롭게 해보고 매장 구석구석도 깨끗하게 청소

했다. 침체되어 있는 매장 분위기를 띄우기 위해 농담도 서슴지 않았다.

지나가는 손님들을 위해 아침저녁으로 커피 서비스를 하고 적극적으로 설문조사를 해서 응답하는 고객들에겐 등산용 장갑을 사은품으로 주었다. 매일 행사 내용을 다르게 해서 어떤 날은 '원 플러스 원', 어떤 날은 '노 마진 창고 대방출' 식으로 변화를 주었다.

그러자 곧 조금씩 활기가 생기기 시작했다. 눈에 띌 정도로 매출에 변화도 일어났다. 매장 가득 손님들이 들어와 물건을 살펴보고 자신에게 딱 맞는 것을 골라 가는 모습을 보는 것만으로도 흐뭇했다.

행사가 끝난 마지막 날 정 지점장은 늦게까지 홍 대리와 술잔을 기울였다. 결과는 만족할 만한 정도를 넘어서서 매장 오픈 이후 최고의 매출을 기록했다.

"홍 대리님 덕분입니다."

"제가 뭘요. 정 지점장님께서 절 도와주신 덕분이죠."

"사실은…… 이번 방학 때 아들 녀석과 와이프가 들어온답니다. 가족여행도 가기로 했어요. 한 번 더 힘을 내보고 싶습니다."

홍 대리는 정 지점장의 손을 덥석 잡았다. 코끝이 찡하고 가슴이 꽉 차오르는 것 같았다. 자신의 일처럼 기뻐하는 홍 대리를 정 지점장이 부드럽고 온화한 얼굴로 바라보았다.

"홍 대리님은 세일즈맨으로서 특별한 걸 지니고 있어요."

"제가요? 하하하. 그게 뭔데요?"

"마음이요. 사람의 마음."

"에이, 그건 지점장님도……."

너스레를 떠는 홍 대리의 어깨를 가만히 두드리며 정 지점장이 말을 이었다.

"아니요. 누군가의 마음을 정말로 알아주는 사람은 드문 법이죠. 홍 대리님과 함께 있으면 저절로 마음이 열려요. 세일즈맨에게 그것만큼 더 큰 자산이 어디 또 있나요? 전 홍 대리님을 보면서 세일즈를 위한 세일즈가 아니라 인간의 마음을 지닌 세일즈가 가능하다는 것을 알게 되었어요. 그래서 오늘은 홍 대리님께 고맙다는 말을 꼭 전하고 싶었어요."

가슴 깊은 곳에서부터 뜨거운 것이 치밀어 오르는 듯 목이 메었다. 그동안의 정성과 노력이 헛된 것이 아니었다는 확신이 들었다. 순간 자신이 무엇을 지향해야 하는지 자연스럽게 깨달았다.

'언제 어디서든 사람과의 만남을 소중히 여기는 것.'

세일즈를 하면서 사람만큼 자신을 힘들게 했던 존재는 없었다. 그러나 사람만큼 자신을 감동시켰던 존재 또한 없었다. 사람이야말로 늘 자신에게 힘을 주는 원천이었다. 정 지점장의 따뜻한 손을 굳게 쥐면서 홍 대리는 결심을 굳혔다.

홍 대리는 현장이 좋았다. 무엇보다 사람들과 함께하는 것이 좋았다. 다시 태어나도 세일즈맨으로 살아가고 싶었다.

'현장에 남겠어!'

홍 대리는 여전히 남아 있는 따뜻한 손의 온기를 느끼며 자신이 가야 할 길을 결정했다. 다른 사람은 절대 흉내 낼 수 없는 오직 자신만이 할 수 있는 세일즈를 하고 싶었다. 세상에 단 한 명밖에 없는 유일한 세일즈맨이 될 수 있는 길을 찾은 기분이 들었다.

## 에필로그

'블랙홀'.

홍 대리는 한마디를 중얼거렸다. 뜬금없이 머릿속에 툭, 하고 떠오른 말이었다. 신입 세일즈맨을 위한 '브랜드 세일즈' 스터디 시간에 갑자기 왜 시야를 흐리며 까맣게 눈앞을 가리는 검은 홀이 떠올랐는지 모를 일이었다. 그것도 하는 말마다 '세일즈 홍의 어록'이라며 최고의 인기를 끄는 자신이 말하던 도중에 말이다.

"하지만 굉장히 매력적인 블랙홀이지. 한 번 빠지면 헤어나지 못할 정도로 말이야."

홍 대리는 스터디 팀 몰래 속으로 미소를 지었다. 세일즈 현장에 몸을 담근 지 3년째였다. 초기엔 실수도 많이 했고 세일즈 초보라고 하기에도 민망할 정도로 모르는 것도 많았다. 그러던 홍 대리가 이젠 세일즈맨으로 어엿하게 제 몫을 하고 있었다.

"판매 루트를 어떻게 개척하나요? 아는 사람도 별로 없을 땐……."

"아직도 혈연, 지연, 학연에 기대는 세일즈를 생각하십니까? 세일즈는 구걸이 아닙니다. 고객 스스로 마음을 열고 원하는 것을 가질 수 있도록 돕는 일이죠. 내가 오늘 만나는 사람에게 최선을 다하세요. 모든 세일즈는 지금 이 사람으로부터 시작된다는 마음으로 눈앞의 한 사람 한 사람에게 정성을 다하는 겁니다."

스터디가 끝나고 질문을 받는 시간이 되자 막아놓았던 봇물이 터지듯 질문이 쏟아져 나왔다. 쉴 새 없이 홍 대리를 향해 질문이 쏟아졌다.

"몇 번이나 거절당해보셨나요?"

"거절당한 횟수는 기억하지 않아요. 몇 번을 시도했냐는 알고 있지만요. 참고로 제가 기억하고 있는 가장 큰 숫자는 101입니다. 3년 전에 시작해서 바로 지난주에 멈추었죠. 물론 계약서에 사인을 한 후에요."

아, 하는 탄성소리가 여기저기에서 새어나왔다.

"거절당하는 것이 두려워 최대한 쿨한 태도를 견지하시나요? 거절당하는 것이 두렵지 않은 사람은 없습니다. 문제는 거절 자체가 아니라 거절하는 고객의 마음을 어떻게 움직일까 하는 것이죠."

"처음부터 큰 계약을 위해 노력하는 것이 좋은가요?"

"최대한 작은 성공을 많이 이루도록 하세요. 초기의 작은 성공들이 커다란 하나의 위업보다 큰 힘을 주는 법입니다."

"세일즈가 뭐라고 생각하시나요?"

누군가 던진 간단한 질문 하나에 갑자기 주위가 조용해졌다. 많은 눈들이 홍 대리를 향해 있었다. 모두 어떤 답이 나올지 궁금하다는 표정이었다. 홍 대리는 이 질문이야말로 세일즈의 모든 것이 들어 있는 핵심이라는 생각이 들었다. 그리고 지금까지 자신이 고민하고 있는 가장 중요한 주제이기도 했다.

"세일즈는, 위대한 인간학이라고 생각합니다. 그리고 우리가 웃고 배우고 사랑하고 생활하는 모든 것, 즉 일상에서부터 시작되는 것이기도 하죠."

그리고는 씩, 웃으면서 좌중을 향해 질문을 던졌다.

"지금 세일즈를 하고 있는 분, 계십니까?"


세일즈 스터디는 홍 대리의 아이디어였다. 자신이 그동안 갈고 닦은 노하우를 좀 더 많은 사람들과 나누고 싶어서 시작한 일이었다. 서대문지점을 마지막으로 홍 대리는 정식으로 기획부에서 세일즈마케팅부로 부서를 이동했다.

아우로 사내에서도 처음 있는 일은 아니었지만 홍 대리의 활약은 소문이 조금 보태어져서 거의 '도시전설'처럼 떠도는 무렵의 주인공이 되어 있었다.

'지킬과 하이드인 서부지점 지점장이 홍 대리 앞에서는 언제나 온순하고 예의바른 지킬로만 있다더라', '유니버스백화점의 한 실장은 홍 대리를 특급으로 스카우트해가려고 한다더라'에서 시작해 온갖 이야기가 떠돌았지만 압권은 '서대문지점장이 홍 대리 덕분에 잃어버렸던 아들과 부인을 찾았다더라' 하는 것이었다.

하지만 서대문지점을 능가하는 소문의 백미는 송 팀장이 홍 대리 덕분에 아우로 총괄판매책임이사로 발탁되었다는 소문이었다.

"나 참. 사실은 씨앗만 한데 소문은 어째 눈덩이보다 더 크단 말이야."

스터디를 마무리하고 사무실로 돌아오니 택배가 도착해 있었다. 늦지 않게 받아서 천만다행이었다. 오늘은 은서 생일이다. 퇴근길엔 은서를 보러 갈 생각이었다. 요즘 은서는 새로운 사랑에 빠져 있다. 얼마 전부터 홍 대리와 은서는 누가 먼저랄 것도 없이 서로의 마음을 확인하고 애인이 되었다. 홍 대리는 은서를 떠올리는 것만으로도 심장이 두근거리고 행복해졌다.

오늘은 그녀가 죽고 못 사는 신발을 양손에 끼고 함께 롤리 폴리라도 추어야겠다고 생각하며 홍 대리는 가슴에 손을 갖다 댔다.

아, 진짜! 애인이지만, 정말 사랑스럽다.

알 이즈 웰.

평범한 사원의 운명을 바꾼 억대 연봉 도전기

# 세일즈 천재가 된 홍대리

**초판 1쇄 발행** 2012년 6월 5일
**초판 8쇄 발행** 2022년 11월 11일

**지은이** 신윤순
**펴낸이** 김선식

**경영총괄** 김은영
**콘텐츠사업1팀장** 임보윤 **콘텐츠사업1팀** 윤유정, 한다혜, 성기병, 문주연
**편집관리팀** 조세현, 백설희 **저작권팀** 한승빈, 김재원, 이슬
**마케팅본부장** 권장규 **마케팅2팀** 이고은, 김지우
**미디어홍보본부장** 정명찬 **홍보팀** 안지혜, 김민정, 오수미, 송현석
**뉴미디어팀** 허지호, 박지수, 임유나, 송희진, 홍수경 **디자인파트** 김은지, 이소영
**재무관리팀** 하미선, 윤이경, 김재경, 오지영, 안혜선
**인사총무팀** 강미숙, 김혜진 **제작관리팀** 박상민, 최완규, 이지우, 김소영, 김진경, 양지환
**물류관리팀** 김형기, 김선진, 한유현, 민주홍, 전태환, 전태연, 양문현, 최창우

**펴낸곳** 다산북스 **출판등록** 2005년 12월 23일 제313-2005-00277호
**주소** 경기도 파주시 회동길 490
**전화** 02-702-1724 **팩스** 02-703-2219 **이메일** dasanbooks@dasanbooks.com
**홈페이지** www.dasan.group **블로그** blog.naver.com/dasan_books
**종이** (주)한솔피앤에스 **출력·인쇄** (주)북토리

**ISBN** 978-89-6370-897-3 03320

다산북스(DASANBOOKS)는 독자 여러분의 책에 관한 아이디어와 원고 투고를 기쁜 마음으로 기다리고 있습니다.
책 출간을 원하는 아이디어가 있으신 분은 다산북스 홈페이지 '투고원고'란으로 간단한 개요와 취지, 연락처 등을 보내주세요.
머뭇거리지 말고 문을 두드리세요.